ETIENNE SOURIAU

LA POÉSIE
FRANÇAISE ET LA
PEINTURE

UNIVERSITY OF LONDON

THE ATHLONE PRESS

1966

91179

PQ 401

LA POÉSIE FRANÇAISE ET LA PEINTURE

I. DU MOYEN-AGE AU SYMBOLISME

C'est un très grand plaisir pour moi, grâce à l'invitation de l'Université de Londres, de pouvoir m'adresser à vous ici dans le cadre des Conférences Cassal. Et c'est aussi un honneur dont je sens toute la portée. Je dois vous donner deux conférences. Et j'ai choisi pour sujet commun de ces deux causeries: les rapports de la poésie française avec la peinture.

Dans la première de ces conférences, c'est à dire, aujourd'hui même, j'étudierai ce problème de la Renaissance au début du XXème siècle. Et la prochaine fois, j'étudierai la situation actuelle des deux arts.

Mais je dois tout de suite vous donner un avertissement, une explication qui vous évitera peut-être une trop grande déception. Si j'ai choisi un plan historique, c'est pour mettre plus aisément en ordre les faits. Mais je ne suis pas un historien; ni un historien de l'art ni un historien de la littérature. Je suis un philosophe, un esthéticien. Et mon désir est de traiter, dans ce cadre historique, un problème d'esthétique: le problème général des rapports de la poésie avec la peinture. Ce qui m'intéresse,—ce à quoi je voudrais vous intéresser —c'est l'ensemble des rapports possibles de la poésie avec la peinture. Je désire me placer au point de vue du poète, et je me demande quelle aide, quel secours le poète peut espérer du peintre. Quelle inspiration peut-il chercher dans les tableaux, dans les gravures? Le poète, au lieu de confronter directement son âme avec la nature ou avec l'humanité, a-t-il le droit de fréquenter les musées, les ateliers, les expositions, dans l'espoir d'y glaner des thèmes poétiques?

Bien sûr, le poète a le droit ou même le devoir, comme tout homme, de souhaiter la rencontre des grands chefs-d'œuvres de l'esprit, en quelque domaine que ce soit. Rien de ce qui est humain ne doit lui être étranger—même l'art des autres. Mais vous sentez aussi ce qu'il y a de bizarre, et même d'inquiétant, dans le fait d'une inspiration de seconde main, cherchée dans les œuvres d'autrui, et cherchée dans un art dont les buts et les moyens sont très différents de ceux qui caractérisent l'art poétique. Est-ce vraiment légitime? Est-ce vraiment utile et fécond? Ou ne serait-ce pas une sorte de déviation, et presque de dépravation par rapport au statut fondamental de l'art poétique? Tel est le problème qui m'attire.

C'est là un problème d'esthétique comparée. Et qu'est-ce que l'esthétique comparée? Permettez-moi un peu de pédantisme. La *littérature* comparée, vous le savez, c'est cette discipline qui étudie les rapports qu'ont entre elles des littératures usant de moyens d'expression différents, des littératures écrites en des langues différentes: littérature anglaise et littérature française, allemande ou espagnole. Quant à l'esthétique comparée, d'une manière assez analogue elle étudie les rapports d'œuvres utilisant des langages artistiques différents, si on peut dire, c'est à dire par exemple des statues et des symphonies, des amphores et des poèmes, des pièces de théâtre et des palais ou des églises.

Sculpture ou musique, poésie ou architecture, ce sont bien là des langages différents. Un même sujet, par exemple: le matin, le lever du soleil à la campagne, a pu séduire à peu près vers le même temps deux artistes à peu près contemporains l'un de l'autre: le poète Verlaine et le musicien Grieg. Mais ils l'ont traité chacun dans un langage artistique différent. Certains évènements historiques aussi ont inspiré un grand nombre d'arts. La bataille de Marignan a été traitée en bas-relief par le sculpteur Roger Bontemps, en peinture par Fragonard le fils, en musique par Clément Janequin.

Mais malgré de telles rencontres, nous sentons bien que certains sujets, certains thèmes, sont plus favorables à telle expression artistique qu'à telle autre; ils ont, peut-on dire, une vocation formelle et appellent par exemple un traitement poétique plutôt qu'un traitement théâtral, ou une expression picturale plutôt qu'une expression statuaire.

Quelquefois cette vocation tient à des raisons concrètes et techniques. Il est difficile de traiter le lever du soleil en sculpture. Le pauvre sculpteur n'a que deux ressources: ou bien l'allégorie—une Aurore plus ou moins mythologique; ou bien l'évocation indirecte:

un personnage dont l'attitude, le regard, le sourire, devront nous faire comprendre qu'il regarde ou écoute les spectacles et les harmonies du matin.

Quelquefois il s'agit de convenances ou de disconvenances plus subtiles, en rapport notamment avec le tempérament de l'artiste et sa vocation particulière. Comme un étranger conservant en anglais l'accent de son pays, par exemple l'accent français, on peut dire que Michel-Ange en peinture conserve toujours un peu l'accent sculpteur. Et quand Moussorgsky évoque musicalement « les tableaux d'une exposition », on peut penser que c'est là un tour de force qui violente un peu la vraie vocation de la musique, et qui doit rester exceptionnel. Au reste, et pour en revenir à Verlaine et à Grieg, le poème de Verlaine serait-il aussi beau, si au lieu de s'inspirer, comme il est probable, des impressions vécues d'un réel réveil en plein champ, après une nuit de sommeil dans une meule, il s'était inspiré tout simplement du matin de Grieg? Vous sentez, j'espère, mon problème. Je l'ai posé dans toute sa généralité. Mais maintenant je le restreins à la poésie et à la peinture; à la poésie cherchant son inspiration dans la peinture. Est-ce arrivé souvent? Ces arts se sont-ils souvent mêlés? La poésie, lorsque c'est arrivé, y a-t-elle gagné ou perdu? Voilà ce qu'il va falloir chercher.

Mais avant de prendre le fil de l'histoire, et de conter les aventures de la poésie dans ses flirts ou ses brouilles avec la peinture, ou dans des salutations réciproques distinguées et méfiantes, mesurons d'abord l'écart qui sépare ces deux arts. Brossons un tableau rapide, à grands traits, de leurs dissemblances congénitales, et des raisons qui font que ce sont des langages extrêmement différents, à ce point différents qu'on peut se demander s'il y a quoi que ce soit de vraiment traduisible de l'un dans l'autre, et si les démarches de pensée qu'ils permettent peuvent avoir quoi que ce soit de commun. Mesurons les obstacles qui s'opposent à leurs velléités de collaboration et d'amitié.

Le poète pense et s'exprime avec des mots, comme nous tous. Certes il donne « un sens plus pur aux mots de la tribu », mais c'est de ces mots-là qu'il se sert; bien qu'il en fasse chanter les syllabes plus harmonieusement que dans la parole quotidienne.

Et le peintre est un homme qui pense avec des couleurs, avec des lignes, avec des clartés et des ombres. Et c'est dans ce vocabulaire qu'il s'exprime.

7

Le peintre nous jette aux yeux d'un seul coup, toute son œuvre; nous la saisissons d'un seul coup d'œil, pour y revenir ensuite à notre gré, promenant nos regards à notre fantaisie sur la toile. Et le poète nous dit peu à peu, lentement ce qu'il veut nous dire. Il nous capte progressivement, il nous entraîne dans le chemin qu'il nous à préparé. Et pendant que nous faisons route avec lui, il nous murmure à l'oreille son incantation successive.

Le peintre est un homme pour qui le monde extérieur existe. Il s'adresse directement à nos sens; ce dont il veut nous parler, il nous en montre l'apparence concrète, et la présence immédiate.

Le poète est l'homme des mondes intérieurs. Il veut de nous des émotions, des frissons, des élans. Et même s'il veut parler des choses extérieures, il ne peut nous les montrer directement, il faut qu'il les évoque dans notre imagination, comme en songe. Son incantation ne suscite que des illusions fugitives de visionnaire. S'il veut donner des précisions, des descriptions signalétiques, détaillées comme un inventaire de notaire, il est ridicule. Et pourtant souvent il souhaite ou a souhaité décrire, et même décrire aussi bien que le peintre. Mais comment faire? Dès qu'il s'adresse à notre intelligence, pour lui donner des renseignements précis et techniques: ceci est à droite, celà à gauche, que devient le halo poétique?

Au fond, une fenêtre ouverte. Le ciel est bleu. Une dame en costume médiéval est assise sur une chaise de style gothique près de la fenêtre; elle est assoupie. Son rouet est immobile devant elle; et par un effet de perspective on voit dans le jardin, au bout d'une tige courbe, une rose qui paraît toucher ce rouet. Si le poète veut nous expliquer cela, assez précisément pour rivaliser avec le peintre, est-ce que toute la poésie ne s'évanouit pas aussitôt?

Et pourtant, Paul Valéry, à la période la moins intellectuelle de sa carrière littéraire (dans les dernières années du XIXème siècle) écrivait ceci, dans son poème de *la Fileuse*:

> Assise la fileuse au bleu de la croisée
> Où le jardin mélodieux se dodeline
> Le rouet ancien qui ronfle l'a grisée
> . . . Elle songe, et sa tête petite s'incline . . .
>
> Un arbuste et l'air pur font une source vive
> Qui suspendue au jour, délicieuse arrose
> De ses pertes de fleur le jardin de l'oisive.

Une tige où le vent vagabond se repose
Courbe le salut vain de sa grâce étoilée
Dédiant magnifique, au vieux rouet, sa rose.

J'arrête là ma citation. Dans ce poème très savant, écrit en *terza rima* comme un chant de Dante, nous trouvons non seulement tous les renseignements intellectuels postulés tout à l'heure, mais surtout une volonté éclatante de composer un tableau, une image visible, d'une grâce un peu préraphaélite, avec des éléments fin-de-siècle, le tout d'un caractère pictural évident.

Donc la chose est possible. Mais est-elle normale? Est-ce autre chose qu'un beau danger? Il y faut beaucoup d'art, et très peu de spontanéité. Est-ce un des grands chemins de la poésie? Ou en est-ce un inquiétant égarement, presque une perversion? Et jusqu'à quel point la poésie peut-elle y gagner ou y perdre?

J'espère que maintenant ma question est suffisamment posée. Pour bien la discuter, il est temps de recourir à l'histoire. Prenons donc le fil de l'histoire, en débutant au XVIème siècle, à la Renaissance.

Pourquoi pas plus anciennement? Pourquoi ne pas remonter au Moyen Age? Parce qu'au Moyen Age le problème ne se posait pas, ne pouvait pas se poser. Pourquoi cela?

Parce qu'au Moyen Age il n'y a pas équivalence entre les arts. Il n'y a pas une assemblée des arts, égaux entre eux: ils forment une hiérarchie.

La poésie est savante et noble. Un prince, un clerc, peuvent s'y adonner. C'est un art libéral comme la musique. Et la peinture est chose manuelle. C'est une œuvre d'artisan. D'ailleurs bien souvent elle est dédiée aux illettrés. C'est la « bible des pauvres », selon une longue tradition théologique. C'est ainsi qu'encore un poète du XVème siècle la mentionne: je pense à François Villon, dans la touchante Ballade qu'il a composée à la requête de sa mère, pour prier Notre Dame. Il la fait parler ainsi:

Femme je suis povrette et ancïenne,
Qui riens ne sçay: oncques lettres ne leus.
Au moustier voy dont suis paroissienne
Paradis paint, ou sont harpes et lus,
Et ung enfer ou dampnez sont boullus:
L'ung me fait paour, l'autre joye et liesse . . .

9

Mais comment le poète songerait-il lui-même à s'inspirer de la peinture, lui qui sait lire et écrire? Au peintre à s'inspirer de lui, à l'illustrer.

Aussi dans les nombreux *arts poétiques* que nous a laissés le Moyen Age, soit en latin soit en français, arts poétiques dont Edmond Faral a établi un très utile recueil, il n'y a aucune mention d'une telle imitation comme possible; il n'y a aucune exploitation du mot d'Horace: *ut pictura poesis*; et cela, malgré la place que tient la description dans ces arts poétiques.

Dans la littérature médiévale, je ne connais qu'un seul passage, très intéressant d'ailleurs, où l'auteur prenne la peinture en considération, et fasse même un peu de psychologie du peintre. C'est dans un des romans poétiques du cycle d'Arthur, le *Lancelot du Lac*.

Le chevalier Lancelot du Lac est prisonnier dans le château de la fée Morgane. Comme tout prisonnier, il s'ennuie. Que faire? Or la fée fait justement orner de peintures quelques salles de son château. Le chevalier captif regarde le peintre travailler. Cela l'intéresse. Il se fait expliquer le métier; et entreprend lui-même de décorer aussi quelques salles. Vous sentez bien que c'est là une idée étrange, extraordinaire de la part d'un chevalier; une de ces idées que peut seul expliquer l'affreux désœuvrement de la captivité. Les conséquences en sont d'ailleurs tragiques. Lancelot ne peut s'empêcher de faire dans ses décorations murales des allusions à ses amours avec la reine Genièvre, la femme du roi Arthur. La dame des peintures ressemble d'une manière si frappante à la reine que la fée Morgane devine le secret. Méchamment, elle convie son frère le roi Arthur à la visiter dans son château, et le conduit dans les salles où sont les peintures de Lancelot. Arthur comprend tout; et là commencent les malheurs de Lancelot.

Cette psychologie du peintre, cette idée de l'aveu involontaire par l'art, cette mention de la possibilité qu'a la peinture de laisser entrevoir ce qui ne peut pas être dit, tout cela est bien curieux. Mais l'auteur médiéval lui-même donne la chose comme étrange, exceptionnelle. C'est presque la folie du chevalier amoureux, pareille à la folie de Tristan ou plus tard à celle de Roland amoureux: le chevalier se fait peindre comme Tristan laisse pousser sa barbe et s'habille de haillons, ou comme Roland furieux traîne derrière lui sa jument morte.

Les choses changent à la Renaissance. La peinture brusquement rejoint les autres arts en dignité. Léonard de Vinci proclame solennellement que la peinture est chose mentale. François Ier ramasse le pinceau que Titien a laissé tomber. Albrecht Dürer voyageant en Italie écrit à ses amis d'Allemagne: chez nous, j'étais un ouvrier, ici je suis un seigneur. L'égalité des arts est proclamée.

Cela ne veut pas dire qu'il se fasse à ce moment un mélange des arts, avec confusion de leurs buts ou de leurs moyens. Il s'en faut de beaucoup. Ces arts assis maintenant autour d'une table ronde, et égaux entre eux, restent bien distincts. Chacun d'eux à son domaine et sa tâche. Chacun d'eux a, pour parler en langage aristotélique, son οἰκεῖον ἔργον, son acte propre: au peintre les couleurs, au poète la parole articulée; au musicien les sons purs, au sculpteur la pierre taillée dans les trois dimensions de l'espace, et ainsi de suite. Cette répartition paraît rationnelle et satisfaisante. On peut rivaliser sans confusion; et cette rivalité est courtoise: les peintres de l'Ecole de Fontainebleau grouperont Diane et ses nymphes au bord d'une rivière, comme les poètes de la Pléiade les chanteront. Mais rien d'équivoque dans les inspirations ou les images. Si le poète pense à un tableau, il le dit sans mystère; s'il le faut, il nomme le peintre et le complimente. Cette égalité des arts se traduit par des salutations, des discours qu'on s'adresse en style d'ambassade de puissance à puissance. Ronsard écrit une élégie pour le peintre Clouet. Du Bellay, dans ses *Regrets*, pour présenter sa poésie humble et familière, bien modeste auprès de celle des ambitieux faiseurs de grandes odes ou d'épopées, a recours à la comparaison de la peinture; et oppose les charmants petits portraits d'un Jean Clouet, faits de rien, aux vastes compositions à l'italienne. Il écrit:

> Je ne veulx point sonder les abysmes couvers
> Ni dessiner du ciel la belle architecture
> Je ne peins mes tableaux de si riche peinture ...

> Vous autres cependant, peintres de la nature
> Dont l'art n'est pas enclos dans une portraiture
> Contrefaites des cieux les ouvrages plus beaux

> Quant à moy, je n'aspire à si haulte louange
> Et ne sont mes portraits auprès de vos tableaux
> Non plus qu'est un Janet auprès d'un Michel Ange.

Cette comparaison, ce parallélisme institué entre deux styles poétiques et deux styles de peinture est vraiment une découverte considérable pour l'esthétique littéraire de l'époque. Je pourrais encore évoquer Ponthus de Tyard, dans ses *Erreurs amoureuses*, comparant un portrait de celle qu'il aime, portrait que le temps effacera ou obscurcira, à l'image immortelle qu'il en porte en lui-même. A dire vrai, ce n'est pas pour son poème qu'il revendique expressément une immortalité que la peinture, étant matérielle, ne peut avoir. Mais l'idée est sous-jacente.

Bref dès ce moment et pour environ trois siècles, il va y avoir une riche présence de la peinture, en représentation dans les domaines poétiques. Mais nulle confusion: on institue des comparaisons: et la comparaison, qui rapproche, ne confond pas. Il ne s'agit ni de mystérieuses «correspondances» à la façon de Baudelaire et du symbolisme, ni de la recherche d'une sorte de commune nature découverte en profondeur. Il y a seulement confrontation, et en quelque sorte conversation en public du poète avec le peintre.

Cela est si vrai qu'on voit même apparaître, comme un genre littéraire et poétique nouveau, le discours sur la peinture.

C'est surtout au XVIIème siècle—aux XVIIème et XVIIIème siècles— que le classicisme français exploite ce curieux genre poétique. Décrire des tableaux, les vanter, les critiquer parfois; ou bien donner au peintre des conseils, dans des poèmes didactiques, c'est une matière poétique, un sujet à mettre en vers, sinon tout à fait à traiter poétiquement. Le poète reconnait l'existence de la peinture, un peu comme on reconnait diplomatiquement un gouvernement étranger. Au lieu de se voir seul en tête à tête avec l'humanité ou la nature, il admet la présence du peintre et de ses œuvres dans son univers. Mais il tire un peu à lui, comme on dit, la couverture, puisqu'il blâme ou loue, donne des conseils, prend le haut du pavé.

Ce genre-là, il faut le reconnaitre, a donné quelques œuvres un peu ridicules, et que n'apprécie guère le goût moderne, qui n'aime pas beaucoup le genre didactique. Ainsi au XVIIIème siècle, le dramaturge Lemierre, auteur notamment de la *Veuve du Malabar*, ou d'un *Idoménée* auquel le livret de Mozart doit quelque chose; Lemierre, dis-je, a composé un grand poème didactique sur la peinture. Au XVIIème siècle il y a aussi un poème—mais en vers latins—sur la peinture (*De arte graphica*) par Dufresnoy, qui fut peintre et collabora avec Mignard aux fresques du Val de Grâce, dont je vais parler dans un instant. Ce poème fut d'ailleurs plusieurs fois traduit en vers français, notamment par Gacon, poète lyonnais. On a une épître en vers du peintre Antoine Coypel à son fils Charles Antoine, peintre également. D'ailleures Coypel ne parle guère peinture à son fils: il lui donne surtout des conseils moraux: il lui prescrit de ne pas acheter la louange, mais de la conquérir par ses ouvrages, de fuir ceux qui

> Prodiguent leur encens à la plus forte brigue;

Il lui enjoint surtout, en bon classique, de

> Céder à la raison sans nulle résistance.

Ne médisons d'ailleurs pas trop de cette raison des classiques français faite de naturel, d'harmonie et de juste mesure, et qui d'ailleurs est très loin de jouer, dans l'esthétique du siècle de Louis XIV, le rôle que les pédagogues du XIXème siècle ont voulu lui assigner. Mais tout cela mériterait tout juste une rapide mention, si parmi tous ces poèmes il n'y en avait pas deux, faits par des hommes de génie, les plus caractéristiques du siècle littéraire de Louis XIV: Corneille et Molière. A vrai dire, le poème de Corneille est peu important, sauf comme symptôme. C'est une sorte d'adresse en vers de *la poésie à la peinture*, à propos de la fondation de l'Académie de peinture. Le plus typique, c'est surtout que la poésie parlant à la peinture dans ces vers, la traite sans cesse de soeur:

> Chère et divine sœur, prépare tes crayons!

Mais le poème de Molière, sur la *Gloire du Val de Grâce*, est bien plus considérable. Et d'abord par la longueur: il fait trois cent soixante six alexandrins, une quinzaine de pages, consacrées aux fresques que fit le peintre Mignard pour la décoration intérieure de la coupole de l'église du Val de Grâce à Paris.

Le poème est bizarre, et en écrémant quelques citations choisies, on pourrait facilement le tourner en ridicule; ainsi quand Molière loue, dans les fresques de Mignard,

> Ces gracieux repos que par des soins communs
> Les bruns donnent aux clairs, comme les clairs aux bruns

ou quand pour faire goûter les proportions harmonieuses des personnages, il nous assure

(Qu'ils n'offrent) point aux yeux ces galimatias
Où la tête n'est point de la jambe ou du bras

et veut nous faire admirer

Leur juste attachement . . .

(il s'agit toujours des jambes et des bras)

Leur juste attachement aux lieux qui les font naître . . .

Ce qu'il tient le plus à nous faire remarquer, c'est le *savoir* du peintre. Le meilleur éloge qu'il en sache faire, c'est de nous parler à plusieurs reprises de son « docte pinceau ».

Et Molière lui-même, il faut l'avouer, nous paraît à son tour terriblement docte, quand il nous explique pédantesquement que les trois « parties » de la peinture (c'est son terme) sont l'invention, le coloris, le dessin; et qu'il développe successivement ces trois points en analysant la très belle composition où Mignard, à l'intérieur de la coupole, a fait monter en un vaste chœur tout un peuple de bienheureux devenus des corps glorieux.

En réalité, le poème de Molière est loin d'être ridicule. Molière, très habile versificateur, y enchâsse avec adresse et pittoresque les termes techniques de l'art. Ses remarques sur les qualités que demande l'art de la fresque, peu pratiqué en France, sont judicieuses. Et surtout, c'est avec un enthousiasme presque juvénile (bien qu'il ait 47 ans alors), c'est avec une ardeur vive et assez agressive qu'il expose l'esthétique de l'art à la fois majestueux et gracieux qui s'instaurait alors—un art somptueux comme la voix des grandes orgues.

C'est que ce poème, Molière l'écrit pour un ami—un ami mauvais courtisan, qui ne savait pas se faire valoir auprès des ministres. Car Molière était l'ami de Mignard; il a d'ailleurs beaucoup fréquenté les peintres, il achetait des tableaux, il s'y connaissait. Ce qui doit surtout nous frapper, c'est de voir la littérature, à ce moment, entrer dans la lice à propos de querelles d'atelier, notamment de celles dont l'Académie de peinture fut le lieu, et sur lesquelles il faut lire le beau livre récent de M. Teyssèdre.

D'ailleurs la querelle rebondit et se prolonge. D'autres poètes répondent. L'un d'eux fait parler la coupole du Val de Grâce ellemême, qui reproche à Molière d'avoir écrit seulement pour Mignard une sorte de placet à Colbert:

> Où tous ces grands mots de peinture
> Tons, masses, valeurs, empastures
> Que la rime enchâsse si bien
> Sont tous mots qui ne disent rien.

Du moins le poète, ou plutôt la poétesse, car ces derniers vers sont probablement d'une femme peintre, a bien vu que Molière avait créé là une sorte de pittoresque nouveau—pittoresque au sens propre du mot, puisque ce sont les termes techniques du peintre qui fournissent au poète cette espèce de couleur locale et de ton d'atelier.

Dans tout ceci, donc, peinture et poésie fraternisent, tout en restant bien distinctes. Fraterniser est le terme juste: Molière tout comme Corneille, dans le poème que je viens de citer, groupe sous des traits communs « la poésie et sa sœur la peinture ».

Il ne faudrait pas croire, d'ailleurs, que cette fraternisation restât sans effets sur la poésie même. A force de parler peinture, de fréquenter les peintres et de regarder leurs œuvres, les poètes de l'âge classique en ont un peu subi l'influence. Voyons comment.

Le genre « pittoresque », le poème qui fait tableau, et parfois tableau de genre—richesse et vivacité des coloris, formes bien campées, choses données à voir plutôt qu'à écouter ou à sentir—ce genre est loin d'être absent dans la poésie française d'époque classique. Tous les petits maîtres dont les tableautins sont aujourd'hui dans ces sortes de musées que sont nos anthologies, Saint-Amant, Théophile de Viau, Malleville, Georges de Scudéry (admirateur de Rubens) et Tristan l'Hermite (admirateur de Fréminet), sont des peintres en vers. Tristan l'Hermite a mis dans ses poèmes semi-fantastiques, comme celui du *Voyage nocturne*, toute la diablerie d'une Tentation de Saint Antoine peinte par Téniers. Saint-Amant a fait de même, dans son poème du *mauvais logement*, où

> Une troupe de Farfadets
> Différents de taille et de forme
> L'un ridicule et l'autre énorme
> . . . Etalent tout autour de (lui)
> Leurs grimaces et leurs postures,

Tandis que les chauves-souris « découpent l'air humide et sombre » C'est bien un tableau de genre, à la manière hollandaise, que le sonnet où il se met en scène lui-même

Assis sur un fagot, une pipe à la main
Tristement accoudé contre une cheminée
Les yeux fichés en terre et l'âme mutinée . . .

ou bien encore, cette strophe du célèbre poème de la *Solitude*, où il brosse d'un pinceau agile et pittoresque toute une marine presque romantique. Le poète est sur le rivage et regarde la mer:

Tantost sa vague un peu plus forte
Murmure et frémit de courroux,
Se coulant dessus les cailloux
Qu'elle entraîne et qu'elle rapporte;
Tantost elle estale en ses bords
Parmy l'ambre et la pourcelaine
Des gens noyez, des monstres morts,
Les ossements d'une Balaine,
Des coffres voguans dessus l'eau,
Les desbris de quelque bateau.

Ce côté pictural de son art poétique, Saint-Amant ne le dissimule pas, il le met même en évidence. Il adresse son poème à l'érudit César de Bernières, sous le nom d'Alcydon, en ces termes:

Alcydon, pour qui je me vante
De ne rien faire que de beau
Reçoy ce phantasque tableau
Fait d'une peinture vivante

Donc tous ces petits maîtres—comme l'a d'ailleurs très bien remarqué M. Antoine Adam dans son Histoire de la Littérature française au XVIIème siècle—ont subi quelque influence de la peinture, ou tout au moins s'efforcent de rivaliser avec celle-ci. Est-ce avec succès? En leur temps ils ont été quelque peu dédaignés: on les considérait comme des fantaisistes, amusants plutôt que grands. Mais de nos jours, on les remet sans cesse et de plus en plus à l'honneur. Leurs goûts picturaux ne leur ont donc finalement pas nui.

Enfin près de ces petits maîtres on doit faire figurer un très grand maître: rien de moins que Jean de la Fontaine, le fabuliste. Chez lui, jamais une imitation longuement prolongée et appuyée, mais ce génie du croquis, de la pochade en trois ou quatre vers, évoquant d'une manière intense le spectacle visuel, le petit tableau plus vivant que celui du peintre, plus vite effacé d'ailleurs dans notre imagination, mais aussi net, aussi coloré, aussi vivement croqué que par le meilleur artiste du pinceau. Vous rappelerai-je le pauvre bucheron tout couvert de ramée, regagnant à pas lents sa chaumine enfumée; ou le héron au long bec emmanché d'un long cou, côtoyant une rivière; ou les lapins quêtant leur provende parmi le thym et la rosée, à la lisière d'un bois, tandis qu'un chasseur grimpé dans un arbre s'apprête à les foudroyer à discrétion? Or La Fontaine, comme M. Adam aussi le rappelle bien à propos, La Fontaine a beaucoup fréquenté les peintres; il était comme Molière l'ami de Mignard, il a connu De Troy, Rigaud, Largillière. Il a très bien parlé de leur art. On a de lui un sonnet « à Mademoiselle C », où il reprend l'idée de Du Bellay, de l'imagination de l'amant luttant avec l'art du portrai-tiste—et il y nomme le portraitiste, qui est le peintre Sève. Avec tout cela, peut-on vraiment dire que La Fontaine imite les peintres? Je ne le pense pas. Ce qu'on peut penser, peut-être, c'est que les peintres ont fait un peu l'éducation de son regard de poète, et qu'ils l'ont peut-être encouragé à mieux regarder la nature, à sentir l'intérêt plastique des vues qu'elle nous offre, et à les offrir à son tour toutes vives à notre imagination. Mais il aimait aussi la musique, et s'il parle en homme qui sait voir, souvent aussi il parle en homme qui sait écouter—qui sait même écouter le silence.

> O belles, redoutez
> Le fond des bois, et leur vaste silence . . .

Notre inventaire des rapports de la poésie avec la peinture à l'âge classique serait incomplet, si nous n'ajoutions pas une dernière forme d'attention du poète pour l'œuvre du peintre; et c'est même une collaboration du poète avec le peintre, une aide et un hommage qu'il lui apporte. Il s'agit d'un genre mineur, c'est entendu. Mais ce genre, au cours du XVIIème et du XVIIIème siècle, a produit une immense floraison de versiculets, bons ou mauvais, mais souvent aimables et souvent spirituels: il s'agit de ces distiques ou de ces quatrains composés pour servir d'accompagnement à un tableau, ou plutôt à une gravure faite d'après un tableau. Car, si bien souvent les œuvres des poètes ont été illustrées par les peintres, il ne faut pas oublier que souvent, et particulièrement à l'époque dont nous parlons, les poètes n'ont pas hésité à illustrer les peintures; car ce sont de véritables petites illustrations, dont quelques unes peu-vent nous faire penser aux *tanka* japonaises; il s'agit d'une poésie

toujours brève, et toujours liée à une image visuelle. Que citerai-je?
Les vers de la gravure des *Bohémiens*, de Callot

> Ces pauvres gueux pleins de bonaventures
> Ne portent rien que des choses futures . . .

De Ménage, pour mettre « sous le portrait d'Amarante »:

> Ce portrait ressemble à la Belle:
> Il est insensible comme elle.

De Voltaire, avec un peu de raillerie à propos d'un portrait de la
duchesse de Charolais, qui avait eu la fantaisie de se faire peindre
en habit de moine franciscain:

> Frère Ange de Charolois
> Dis-moi par quelle aventure
> Le cordon de Saint François
> Sert à Vénus de ceinture?

Parfois ce sont de véritables épigrammes, comme celle-ci, de Piron,
à propos d'un portrait de l'abbé Le Blanc par Quentin de la Tour:

> La Tour va trop loin, ce me semble
> En nous peignant l'abbé Le Blanc.
> N'est-ce pas assez qu'il ressemble?
> Faut-il encore qu'il soit parlant?

Littérature souvent fugitive dont les destins sont liés à ceux de
l'œuvre illustrée. Une seule de ces épigrammes ou inscriptions a
franchi les limites de l'art pictural, et gagné la postérité, c'est le
célèbre quatrain que le poète Pierre-Charles Roy (qui n'est plus
guère connu que par cela) a fait pour la gravure (par Larmessin) du
tableau de Lancret: *le Patinage*:

> Sur un mince cristal l'hiver conduit leurs pas:
>   Le précipice est sous la glace.
> Telle est de vos plaisirs la légère surface;
>   Glissez, mortels, n'appuyez pas.

N'appuyons donc pas, et passons à l'époque romantique.

Est-ce qu'avec le Romantisme tout va changer? Est-ce que nous
allons assister à une révolution des rapports du poète avec le peintre,
révolution analogue à celle qui s'est produite au moment de la
Renaissance?

Non certainement. Il s'en faut même de beaucoup. D'abord, il faut bien dire que le Romantisme n'a pas été, au moins en France, un bouleversement extrêmement profond de la littérature. Techniquement, il a laissé intactes les formes de la versification, à peine un peu plus assouplies. Il y a infiniment plus de différence entre les poètes d'aujourd'hui et Lamartine, Hugo ou même Baudelaire, qu'entre Baudelaire, Hugo ou Lamartine et Malherbe, Racan ou Théophile. Quant à Saint-Evremont, le « gardien des cygnes » de Charles II, qui versifiait en Angleterre mais en français, sa manière est assez voisine du romantisme pour qu'Alfred de Musset (*l'Espoir en Dieu*) ait pu lui emprunter sans le dire huit vers, sans que son public ait senti la moindre disparate, la moindre rupture.

Ce qui s'est passé, lors du romantisme, c'est plutôt une sorte de changement dans l'équilibre des forces esthétiques, à l'intérieur de la poésie. Le moi biographique et personnel est devenu plus apparent; ce qui était exceptionnel dans les thèmes ou les effets est devenu plus courant, et ce qui était courant s'est raréfié sans disparaître. Moins équilibré, l'art est plus inquiet, souvent plus intense aussi. Mais les grandes composantes subsistent. Aussi, pour ce qui est des rapports de la poésie avec la peinture, nous retrouvons à peu près tout ce que nous venons de remarquer dans le classicisme. On dit souvent qu'avec le romantisme, les arts ont ouvert entre eux de plus larges communications que dans le classicisme, qu'ils ont même perdu de leur pureté, de leur intégrité. On fait observer que ses peintres se sont inspirés fréquemment de la littérature: Girodet s'est inspiré de Châteaubriand, Delacroix de Dante, de Goethe, de W. Scott et de Byron. Tout cela est vrai. Et la réciproque aussi est vraie: Victor Hugo s'est inspiré d'Albert Dürer, de Callot, de Goya ou de Louis Boulanger. C'est d'un tableau de Louis Boulanger que vient l'inspiration de son poème *Mazeppa*. Hugo a d'ailleurs dédié à Louis Boulanger plusieurs poèmes. Et réciproquement c'est dans les romans ou dans les drames de son ami Hugo (*Notre Dame de Paris, Lucrèce Borgia*) que Louis Boulanger a pris les sujets de plusieurs de ses tableaux.

Tout cela est vrai. Ce sont là des faits certains. Mais ce ne sont pas des faits nouveaux. Nous venons de voir que les classiques aussi ont fréquenté les peintres, leur ont dédié des poèmes, et se sont inspirés de leurs œuvres.

Alors, où est la différence?

En voici d'abord une qui saute aux yeux.

Quand Du Bellay s'inspirait de Clouet, quand Saint-Amant défendait Rubens, quand La Fontaine rivalisait avec Sève, il s'agissait d'artistes qui leur étaient contemporains. Les uns et les autres en quelque sorte faisaient équipe. Ils formaient deux équipes distinctes, mais participant au même mouvement, à la même évolution esthétique. Dans la fraternité, si souvent proclamée, des deux arts, ils se sentaient compagnons de lutte. Le cas des romantiques est bien différent. Certes Victor Hugo est ami de Boulanger, comme Molière était ami de Mignard, et cette fraternité de lutte existe. Mais quand Hugo s'inspire des peintres, il ne se borne ni à Boulanger, ni à Delacroix, ni à Dévéria, ni à Nanteuil qui fut aussi son ami. Déjà Goya est un peu plus étranger par l'époque artistique comme par le pays, bien qu'il soit possible que Victor Hugo enfant ait connu Goya. Goya a fait le portrait du frère ainé d'Hugo, à peine adolescent. Mais rappelons que Goya est né en 1746, Hugo en 1802. Ils sont de générations bien différentes. Et ce n'est pas seulement Goya, c'est Callot, le graveur des *Gueux* ou des *gentilhommes*, comme des démons de la *Tentation*, Callot l'homme des *Supplices* et des *Misères de la guerre* (comme Goya). Mais Callot est du XVIIème siècle. Et Hugo remonte plus loin encore: un de ses grands maîtres, c'est Albrecht Dürer, auquel il consacre tout un poème dans les *Voix intérieures*:

O mon maître Albert Düre, [sic], ô vieux peintre pensif!

Et ce qu'il en dit est d'un homme qui comprend, qui connaît:

On devine, devant tes tableaux qu'on vénère
Que dans les noirs taillis ton œil visionnaire
Voyait distinctement, par l'ombre recouverts
Le faune aux doigts palmés, le sylvain aux yeux verts . . .

J'arrête là, mais tout le poème serait à relire. Or le poème est daté de 1837, et Hugo est à ce point disciple de Dürer que près de trente ans plus tard, dans la *Légende des Siècles*, il y aura un poème visiblement inspiré, et de très près, de la gravure du *Chevalier, du Diable et de la Mort*, de Dürer.

Bien d'autres romantiques feront de même. Théophile Gautier, qui d'autre part se rattache un peu déjà au Parnasse et au symbolisme, est, à ses origines romantiques, hanté par les maître hollandais du passé. Rubens lui a fourni plusieurs sujets de poèmes: sa *Descente de Croix*, son *Combat d'Amazones*.

Ainsi que demande au peintre le poète romantique? Bien autre chose et bien plus que ce que lui demandait le poète classique. Il ne lui demande pas d'être de son temps, et si je puis dire, d'être son compatriote spirituel. Il lui demande de le dépayser, de le conduire devant l'inconnu, l'insolite, le très-loin et le très-autrefois, comme aussi parfois vers les futurs qu'il peut rendre visibles. L'expérience du monde pictural est pour le poète romantique l'expérience d'une sorte d'hallucination. Hallucination de l'imagination ou de la mémoire collective. Dans les vers que je citais tout à l'heure, de Hugo sur Dürer, un mot est essentiel: *visionnaire*. Dürer ou Rubens, comme Füssli ou Blake, comme Delacroix, Prudhon ou Delaroche, sont bien des visionnaires. Pour les classiques, le peintre est simplement un *visuel*: c'est en quoi il peut aider le poète, il l'aide à mieux voir les réalités de la vie humaine, les spectacles de la nature, un certain genre de vérité; et il l'aide non seulement à voir, mais à faire voir ce qui est. Le peintre romantique, en tant qu'il intéresse le poète, n'est pas seulement un visuel. Ce qu'il voit et fait voir, d'une manière concrète et sensible, c'est ce que le poète n'atteint que d'une manière verbale ou abstraite, dans les vieux documents, dans les livres, dans les récits de voyageurs.

Il est même curieux comme le poète romantique cherche à arracher aux peintres ses secrets, ses trucs même, si je puis dire, ses moyens techniques pour construire l'image, et la rendre apte à nous hanter, soit par le détail précis, soit par le vague et la pénombre.

Le premier des romantiques français, Châteaubriand, n'est pas un poète à proprement parler, mais sa prose est si près de la poésie qu'il est permis d'en parler ici. Comme ses descriptions sont différentes de celles des classiques! Elles ne visent pas seulement à faire comprendre et voir, elles visent à donner un choc à la vision intérieure, et à susciter comme une brève hallucination. Pensons à cette description de lever du soleil sur Athènes, où on lit: « J'ai vu du haut de l'Acropolis, le soleil se lever entre les deux cimes du Mont Hymette. Les corneilles qui nichent autour de la citadelle, mais qui ne franchissent jamais son sommet, planaient autour de nous; leurs ailes noires et lustrées étaient glacées de rose par les premiers reflets du jour . . . » ou bien encore; dans *Atala*, la phrase fameuse: « La lune brillait au milieu d'un azur sans tache et sa lumière gris de perle descendait sur la cîme indéterminée des forêts ». Cette cîme indéterminée des forêts, c'est un mot de peintre, et même plus précisément de dessinateur. Et je me suis toujours demandé d'ailleurs si les notes que prenait sur place Châteaubriand . . . celles où il avouait qu'il allait ajouter à sa description une lune qui n'était pas là . . . si ces notes, dis-je, n'étaient pas tout simplement des croquis. Châteaubriand dessinait, nous le savons, il le dit expressément dans son petit essai *Sur l'art du dessin dans les paysages* qui est de Londres 1795. Il y donne ce conseil, « le feuillé doit être léger et mobile, le lointain indéterminé sans être vaporeux ». Indéterminé est déjà là, mais comme un mot de technicien: le dessinateur doit employer le pointillé, les hachures, non une ligne traçant contour.

En tous cas, et quoi qu'il en soit de ce petit problème historique, le « truc » de Châteaubriand a été bien souvent repris par les poètes romantiques, ce truc du suprême petit détail qui donne une vive touche de présence hallucinatoire à l'image qui montait peu à peu, comme un songe, dans l'âme du lecteur, et tout à coup devient presque présence sensible.

Mais si la littérature romantique doit beaucoup à la peinture, elle ne l'avoue pas toujours. D'abord, les poètes ont toujours eu quelque réticence à avouer leurs sources véritables. Et puis, se réclamer de Dürer ou de Michel-Ange, c'est bien. Mais ce ne sont pas toujours les œuvres les plus grandioses, les plus savantes ou les plus géniales qui inspirent le mieux un poète; et quelquefois une bluette, une gravure de keepsake, une gentille petite chose peu hautaine, du point de vue de la valeur d'art, a pu donner le départ à la rêverie du poète. Et le poète ensuite, ne tient nullement à compromettre son œuvre à la source, en avouant qu'elle s'inspire d'une gravure de magazine, et non du tableau d'un maître, ni d'une rencontre passionnée ou surprenante de la vie réelle.

C'est ce qui arrivé plusieurs fois à Alfred de Musset.

Il faut dire que l'éditeur Hetzel, éditeur des romantiques, qui comme beaucoup d'éditeurs de talent eut une influence réelle sur la vie littéraire de son temps, Hetzel, dis-je, avait réalisé un curieux renversement des rapports usuels du littérateur et du graveur. D'abord il a souvent demandé aux littérateurs de son équipe des textes écrits spécialement en vue d'un certain illustrateur. C'est pour être illustrés par le génial caricaturiste animalier Grandville, que

Balzac a écrit *Le voyage d'un lion d'Afrique à Paris*, ou *les peines de cœur d'une chatte anglaise*, Nodier les *Tablettes de la Girafe*, George Sand le *voyage d'un moineau de Paris*, Paul de Musset *les souffrances d'un scarabée* et Alfred de Musset *l'histoire d'un merle blanc*. Tout cela, c'est de la prose. Mais souvent aussi Hetzel a demandé à ses poètes, parmi lesquels était Alfred de Musset, une petite composition en vers inspirée par une gravure qu'il avait trouvée jolie et retenue pour son magazine, quitte à faire faire le texte ensuite. C'est dans ces conditions que Musset a écrit le sonnet dont le titre est *Marie*, inspiré d'une image de Tony Johannot; et, ce qui est mieux, les délicieux versiculets railleurs et tendres des *Conseils à une Parisienne*

> Oui, si j'étais femme, aimable et jolie
> Je voudrais, Julie
> Faire comme vous;
> Sans peur ni pitié, sans choix ni mystère
> A toute la terre
> Faire les yeux doux.

L'idéal féminin du romantisme y est gentiment moqué:

> Je détesterais, avant toute chose
> Ces vieux teints de rose
> Qui font peur à voir,
> Je rayonnerais, sous ma tresse brune
> Comme un clair de lune
> En capuchon noir

On croirait une héroïne de Gavarni—de Gavarni interprète attitré des grâces féminines d'alors. Et c'est en effet pour accompagner une lithographie de Gavarni que Musset a écrit ces strophes. Mais il a posé à Hetzel la condition expresse que le poème serait antidaté, et qu'un traité fictif avec l'éditeur dissimulerait que le poète s'était inspiré du lithographe. Les raisons de Musset sont assez claires. D'abord il estime sans doute qu'il est plus grand poète que Gavarni n'est grand artiste. Gavarni n'est qu'un petit maître. Ensuite, il pense peut-être que lui Musset n'a pas besoin de la médiation du lithographe pour avoir l'expérience de cette Julie, ou de la parisienne d'alors en général.

Mais il y a autre chose. Avec le romantisme, et surtout vers la fin du romantisme, au milieu du siècle, la poésie ne salue plus guère en la peinture son égale. Le poète élève des revendications nouvelles et très hautes. Vous connaissez ce thème romantique de l'homme de génie, homme universel, apte à tout. Alfred de Vigny, dans *Chatterton*, nous a chanté le couplet du poète, homme social, cherchant pour ses contemporains la route dans les étoiles. Le poète pilote, le poète homme d'Etat, le poète ministre, qu'il soit Goethe, Châteaubriand ou Lamartine, voilà ce qu'on a vu, voilà ce qu'on rêve encore de voir. Et le poète qui a eu une telle promotion sociale ne se soucie nullement de la partager avec le peintre. Toute la pièce d'Alexandre Dumas fils, *Diane de Lys*, repose sur cette constatation que le peintre n'est pas, ne saurait être un homme du monde. Mais le poète romantique estime qu'il peut prétendre à tout.

Ceci, c'est l'aspect social de la question. Mais il est aussi un aspect esthétique de cette tentative du poète, cherchant à reprendre le haut du pavé sur le peintre. La prétention de la poésie à être l'art par excellence, celui qui domine et absorbe tous les arts, se développe esthétiquement à la fin du XIXème siècle, avec le Symbolisme. C'est la dernière étape de notre itinéraire d'aujourd'hui; et on peut résumer en peu de mots cette dernière aventure de la poésie, avant la situation actuelle.

Je dis qu'on peut résumer en peu de mots la thèse symboliste. Ce peu de mots, on peut l'emprunter au représentant le plus qualifié du symbolisme, à Mallarmé. On connaît son opinion paradoxale et fameuse: « Tout est sur terre pour aboutir à un livre ». En réalité, esthétiquement parlant, elle est moins paradoxale qu'elle n'en a l'air. Mais pour mieux l'expliquer, permettez-moi de résumer en traits rapides ce que nous avons vu aujourd'hui.

Au Moyen Age, peinture et poésie ne communiquent à peu près pas. Elles sont installées, si je puis dire, à deux étages différents d'un même édifice. Vers le temps de la Renaissance, tous les arts deviennent égaux et viennent, pour continuer la même métaphore, s'installer autour d'une même table ronde, chacun sous le blason d'un sens distinct, la vue, l'ouïe, le toucher. . . . Et là, durant tout le classicisme, ils conversent ainsi tout en restant bien distincts. Ils se font des saluts polis. Au besoin ils viennent au secours les uns des autres; parfois ils se font quelques emprunts; mais tout cela reste ordonné et organisé.

Au moment du Romantisme, ce bel ordre se désagrège un peu. Les attributions des arts ne sont plus très précises; il se produit des empiétements, des confusions. La peinture a souvent des arrières-plans très littéraires, et la poésie compulse les archives de la peinture ou de la gravure pour y trouver ses inspirations. Cette sorte de confusion s'exaspère encore avec l'école parnassienne, depuis Leconte de Lisle jusqu'à Hérédia. Bien entendu, je ne détaille pas historiquement; je ne suis qu'en gros ce mouvement qui fait que chacun des sonnets de Hérédia, par exemple, est un petit tableau souvent emprunté directement à un peintre de l'époque, Gérôme, Cottet, ou à un émailleur comme Popelin. En un mot, la poésie alors, la poésie parnassienne, est terriblement visuelle. Et toute poésie seulement visuelle, si éclatante ou si hallucinante qu'elle puisse être, reste aussi très froide. Elle est à la fois enflammée et glaciale. Elle est pur spectacle. Et par cela même, comme tout ce qui est spectacle, elle nous tient à distance.

Mais le remède ne va pas tarder à sortir du mal lui-même. Le symbolisme continue à nous présenter des tableaux, des spectacles, des compositions de formes et de couleurs, mais en même temps il nous assure que le spectacle évoqué n'est qu'un moyen, une apparence, en quelque sorte un vestibule, qui va nous introduire à une réalité secrète et mystérieuse, entrevue comme à travers un vitrail coloré ou un rideau brodé. . . .

Entendez bien qu'en parlant de symbolisme poétique, je parle d'une doctrine très importante, aussi importante à mon avis que le romantisme; et c'est aussi une école presque encore vivante aujourd'hui. Le symbolisme, qu'on fait souvent remonter jusqu'à Baudelaire et Gérard de Nerval, et dont Mallarmé est le personnage représentatif par excellence, se prolonge à travers Henri de Régnier ou Maeterlinck jusqu'à Paul Valéry; et Paul Valéry, mort il y a vingt ans, a encore parmi les jeunes des disciples et des imitateurs.

Or que dit le symbolisme au sujet du système des arts? D'abord il en récuse complètement le principe séparateur; cette sorte d'étiquetage des arts répartis selon le tableau des différentes sortes de sensations, il le récuse au nom des correspondances baudelairiennes:

Les parfums, les couleurs et les sons se répondent.

Le peintre n'est plus l'unique dominateur des couleurs, ni le musicien le grand maître des sons, puisqu'on peut dire les couleurs avec des sons, comme le grand musicien Scriabine l'a tenté, et les sons avec des couleurs, ce qu'ont voulu les peintres musicalistes comme Valensi.

Quant au poète, il estime disposer directement à son gré des couleurs avec les sons:

A noir, E blanc, I rouge; U vert; O bleu, voyelles . . .

Rimbaud pose une des clefs de cette gamme.

Les peintres symbolistes, dont en France Gustave Moreau est le plus pur exemple,—Gustave Moreau qui fut vraiment le Mallarmé de la palette et du pinceau—les peintres symbolistes composent de véritables poèmes, ou si on préfère, font de la peinture une poésie. Et inversement quand Mallarmé commence:

> Les trous des drapeaux méditants
> S'exaltent dans notre avenue
> Moi j'ai ta chevelure nue
> Pour enfouir mes yeux contents.

c'est un tableau qu'il compose—un tableau qui peut faire penser à Dufy. Mais peintre ou poète aussitôt trouvent le papier ou crèvent la toile pour faire surgir par une magie incantatoire (ils aiment cette expression baudelairienne) tout un au-delà mystérieux, indicible sauf par le symbole, et qui participe de l'esprit pur.

Et c'est ce qui explique, et jusqu'à un certain point qui légitime la prétention mallarméenne de la suprématie de l'art du poète. De tous les artistes, il est celui qui dématérialise le mieux l'art. Si le but de l'art est de se délivrer de la matière par une spiritualisation complète de l'univers sensible, un Mallarmé, un Valéry y parviennent le mieux. Presque chacun de leurs poèmes, presque chacun de leurs vers, à la fois suscite une image plastique et l'anéantit dans son au-delà. La nature morte que peint Valéry dans le style de Cézanne (on l'a plusieurs fois remarqué) ces « dures grenades entrouvertes », gemmées d'or et de rubis, se prolongent en architectures d'âme; et le serpent qu'il ébauche, et qui formellement est « un rêve animal en forme de thyrse » (comme disait Alain) est instauré par ce seul désir dont c'est l'essence que de sentir l'imperfection qui l'anime, et de dire ainsi non à sa propre existence. Il y a beaucoup de nihilisme dans l'esthétique valéryenne, mais c'est la même que celle de Mallarmé; le poème seul existe parfaitement et les autres arts sont comme une poésie encore imparfaite, parce qu'elle ne s'est pas totalement délivrée de la croyance à l'importance et à la réalité du monde sensible.

Seule la poésie—toujours selon cette esthétique, à laquelle je ne puis adhérer complètement, je vous dirai pourquoi dans un instant —seule la poésie arriverait à une sorte d'existence plénière, totalement délivrée des sujétions des autres arts.

C'est ce que pensait un esthéticien français d'une haute valeur, dont la mort est toute récente encore (elle date de trois ans): mon cher et excellent collègue et ami, Gaston Bachelard. Son esthétique, d'un idéalisme extrêmement pur, et qui cadrait spécialement avec le symbolisme, reposait presque toute entière sur l'idée mallarméenne que la poésie pouvait remplacer tous les arts, ou les absorber en elle. « Par le biais de l'imagination littéraire (écrivait-il dans son livre: *La Terre et les Rêveries de la Volonté*) . . . par le biais de l'imagination littéraire, tous les arts sont nôtres ». Il disait encore: La vie nous oblige à choisir, elle nous empêche d'être à la fois peintre, poète, musicien, sculpteur. Mais nous pouvons récupérer ces pouvoirs perdus, par un moyen bien simple: « ce moyen, disait-il, c'est la littérature: il n'y a qu'à *écrire* l'œuvre peinte, il n'y a qu'à *écrire* la statue ».

Il ne m'est pas possible, si cher que m'ait été l'auteur de ces lignes, de donner mon adhésion de philosophe ou d'esthéticien à l'idée d'une telle spiritualisation de tous les arts. Dans tous les arts, il y a une lutte concrète, vitale, tantôt dure et poignante, tantôt presque amoureuse, de l'esprit contre la matière, afin de contraindre la matière à porter témoignage pour l'esprit. Sans cette lutte contre le marbre ou avec le bronze, la statue ne serait pas ce qu'elle est; et l'architecte ne peut être dispensé d'avoir à triompher de la pesanteur de la pierre tout en se conformant aux lois qu'impose le matériau. Sans la joie de manipuler les pâtes colorées, de jouer avec l'eau de l'aquarelliste, ou de subir les terribles contraintes de la fresque, tandis que l'enduit qui sèche force à donner d'emblée des touches définitives, il n'y aurait pas vraiment œuvre de peintre parce que la peinture perdrait tout son pathétique et son intensité d'ardeur et de vie.

Voilà pourquoi je ne puis souscrire à cette idée qu'il suffit au poète d'écrire le tableau pour que la peinture devienne inutile, et perde sa raison d'être avec son mode d'existence, en s'évanouissent dans la poésie.

Mais je reconnais que cette esthétique symboliste est noble et grande, qu'elle a donné des chefs d'œuvre. Elle est, en quelque sorte, un bout du monde, un achèvement. Au moment où nous en sommes dans cette histoire, nous voyons tous les arts tenter en commun une évasion hors du monde sensible, et même un peu sensuel, de leurs modes concrets de présence. Et là, la poésie semble abandonner derrière elle la peinture, parce qu'elle est devenue elle-même une sorte de superpeinture, de peinture entièrement spiritualisée, qui ne fait plus que rêver des apparences visuelles, et les transcende.

C'est bien pour cela qu'arrivés à ce terme, a ce *non plus ultra*, les arts ont dû recommencer, comme on l'a dit, au degré zéro; et se reformer sur de nouvelles bases. C'est cette nouvelle aventure qu'il nous reste à voir, et qui sera l'objet de notre prochain entretien. On pourrait croire qu'aujourd'hui, dans notre parcours historique, nous avons épuisé toutes les relations possibles de la poésie avec la peinture. Or nous verrons la prochaine fois qu'on en a inventé d'autres, toutes nouvelles, et qui méritent notre attention, je pense.

C'est pour étudier les aspects contemporains du problème, que je me permets de vous donner rendez-vous pour notre deuxième entretien, en vous remerciant bien cordialement de l'attention soutenue et soutenante, que vous avez bien voulu m'accorder aujourd'hui.

II. AUJOURD'HUI

Je vous parlais, dans une précédente causerie, des rapports de la poésie française avec la peinture, depuis la Renaissance jusqu'à l'école symboliste, c'est à dire presque jusqu'à maintenant. Je vous parlerai aujourd'hui de la poésie française actuelle, toujours dans ses rapports avec la peinture.

Je ne me dissimule pas que c'est la partie la plus difficile, la plus intimidante même, de ma tâche. Les choses actuelles paraissent toujours confuses et compliquées;—parce que les feuilles, comme on dit, cachent la forêt. On manque de recul pour juger de l'ensemble, on voit trop les détails. Les différences sautent aux yeux, masquant les affinités. Dans 35 ans peut-être, je veux dire en l'an 2.000, ce tableau nous apparaîtra très clair: aussi clair que l'est pour nous le tableau de la poésie française du milieu du XIXème siècle, où nous répartissons si aisément les noms sur trois colonnes: classiques, romantiques, parnassiens. Mais si j'évoque quelques poètes français contemporains: René Char, Saint-John Perse, Pierre Jean Jouve,

Henri Michaux, Yves Bonnefoy, pour ne citer que quelques noms presque au hasard, je vous avoue que j'aurais grand peine à les répartir sur trois colonnes.

Et pourtant nous y arriverons peut-être, en utilisant cette espèce d'éclairage oblique que nous avons adopté: en examinant simplement leurs rapports avec l'art de la peinture. Cela nous permettra, j'espère, d'apercevoir une sorte de relief ou d'architecture en tout cela.

Vous vous souvenez que dans notre dernier entretien, je vous avais rappelé le caractère essentiellement visuel de la poésie parnassienne, de Leconte de Lisle à Hérédia; puis comment les symbolistes, refusant de se contenter de l'image plastique, avaient voulu qu'elle fût seulement une sorte d'évocation préparatoire, une sorte de rideau brodé et transparent, s'évanouissant peu à peu devant les transcendances auxquelles il nous permettait d'accéder. Ce caractère visuel de la poésie française de la fin du XIXème siècle faisait de la littérature poétique une sorte de superpeinture; une peinture avec des mots, aussi intense que l'offrande du peintre, et seulement évoquée dans l'imagination, mais vite évaporée dans la signification. La poésie d'alors est un véritable musée imaginaire, pour reprendre l'expression d'André Malraux dans un tout autre sens.

On aurait pu croire que le symbolisme avait épuisé les derniers rapports possibles de la peinture à la poésie.

Mais ensuite, que s'est-il passé?

Le tableau des arts, la rosace traditionnelle toute simple, classant les arts selon les sens auxquels ils s'adressent, s'était ainsi peu à peu brouillée et désagrégée. Il semble qu'ensuite elle ait cherché à se reconstituer sur des bases toutes nouvelles. Vous savez qu'il s'est passé, dans la première moitié de ce siècle, un évènement spirituel extraordinaire, sans précédent dans l'histoire, sauf après des bouleversements terribles et des destructions culturelles massives. Tous les arts sont pour ainsi dire revenus au point zéro. Ils ont cherché à se reconstituer, à se rebâtir sur des bases entièrement nouvelles. Ce n'était pas après leur destruction, c'était après un refus violent, délibéré et souvent agressif de toutes les traditions.

Bien entendu, le refus n'était pas absolument complet. Les musiciens polytonaux, atonaux, dodécaphonistes, sériels, refusaient ces tonalités dont les structures régnaient sur toute la musique depuis plusieurs siècles mais ils gardaient les douze notes de la gamme chromatique, telles qu'ils les trouvaient toutes faites aux touches de nos pianos. Les sculpteurs se refusaient à tout dire comme les anciens, par le seul et sempiternel moyen du corps humain bien imité dans la pierre et le bronze; mais ils gardaient la pierre et le bronze, et présentaient sur des socles des formes ayant les dimensions usuelles de la statuaire. Quant aux poètes, malgré quelques petites fantaisies de vocabulaire et de typographie, ils ont continué à se servir des mots de la langue usuelle, découpés en lignes d'inégale longueur. Mais chaque art s'est retiré, pour ainsi dire, sous sa tente. Tous ont connu de la même manière la grande crise du *purisme*. Vers le premier quart de ce siècle, les sculpteurs ont revendiqué leur droit à la sculpture pure; les peintres assumaient la peinture pure; et quant à la poésie pure, elle était à l'ordre du jour, principalement depuis le discours fameux de l'abbé Bremond, à sa réception à l'Académie française en 1923.

Dans ces conditions, on pourrait croire que la poésie et la peinture devaient réclamer leur indépendance, rompre entre elles toutes relations, et se voulant aussi différentes l'une de l'autre que possible, se trouver chacune en état de splendide isolement.

Or, chose extrêmement paradoxale, ce n'est pas du tout ce qui est arrivé. Tout au contraire, jamais poésie et peinture n'ont été rattachées l'une à l'autre par autant de liens que dans la vie artistique actuelle. Elles sont même parfois comme intimement, inextricablement enlacées et confondues.

Rassemblons les faits.

En voici un, d'abord, qui s'impose.

Il est possible que l'art poétique d'aujourd'hui se distingue de l'art de la peinture. Mais les poètes eux-mêmes, le groupe des poètes se distingue très mal du groupe des peintres. Beaucoup d'hommes du temps présent, en France, appartiennent à la fois aux deux groupes. Et quelques uns sont aussi connus du grand public comme peintres que comme poètes. Un seul exemple pour commencer et pour certifier le fait: le poète Henri Michaux, que j'aurai à vous nommer plusieurs fois, fut toujours aussi bien peintre que poète. Il a d'abord attiré l'attention par son œuvre littéraire. Depuis 1929, date de son premier recueil poétique, il a publié à peu près tous les quatre ans un volume de vers: *Qui je fus*, *La nuit remue*, *Voyage en Grande Garabagne*, etc. etc. Mais peu à peu ses dessins ont piqué la curiosité des connaisseurs, sinon du grand public. Et tout récemment—exactement du 12 février au 4 avril 1965—une exposition de 260 aquarelles et dessins de Henri Michaux était présentée avec grand succès au Musée d'Art Moderne à Paris, par les soins du conservateur, M. Jean Cassou. On me dira peut-être que M. Jean Cassou, conservateur du Musée d'Art Moderne, étant lui-même également poète, a pu s'intéresser particulièrement aux dessins d'un poète: mais ceci même confirme encore l'importance de cette ambivalence contemporaine.

N'exagérons rien: les doubles vocations, les doubles aptitudes, ont existé dans tous les temps. Quelques uns des sonnets de Michel-Ange sont de toute beauté. Au XVIIème siècle, où cette double vocation est assez rare, citons Daniel Du Moustier, peintre d'une famille de peintres, et élève de Malherbe comme poète. Plus tard, Goethe, sans être un dessinateur génial, a laissé une œuvre graphique qui mérite intérêt. Goethe disait: « l'âme raconte, en dessinant, ses secrets les plus intimes ». L'œuvre dessinée de Goethe nous apporte-elle des aveux plus profonds ou plus spontanés que ses poèmes? Je ne sais trop. Mais lui-même semble en avoir eu le sentiment. D'ailleurs beaucoup de romantiques ont dessiné, peut-être à cause de ce mélange des arts qui commençait alors à s'esquisser. Théophile Gautier a hésité entre les deux vocations de peintre et de poète. Il a eu raison d'opter pour la poésie, ce que je connais de lui comme dessinateur n'est pas très bon. Alfred de Musset dessinait fort bien, mieux qu'en amateur. Enfant gâté des bonnes fées, d'ailleurs, puisqu'il était également musicien, et assez bon pianiste; ce que lui reprochait d'ailleurs son collègue en poésie, Victor de Laprade. C'était la preuve, disait-il, d'un tempérament trop féminin. Enfin nul n'ignore que Victor Hugo fut un véritable génie comme dessinateur. Parmi les hommes qui ont disposé d'un double moyen d'expression, littéraire et plastique, c'est le seul que je connaisse— peut-être avec Michel-Ange aussi—c'est un des très rares en tous cas, a avoir manifesté dans les deux domaines dont il avait la maîtrise une originalité, une inventivité égales. Je rappelle encore que Paul Valéry était un aquafortiste de vrai talent.

Mais il y a très loin, de ces doubles aptitudes, aux ambivalences actuelles. Aucun de ceux dont je viens de parler n'a été, si j'ose dire, un ambidextre de l'esprit. Aucun n'a hésité vraiment entre les deux langages artistiques dont il disposait, et ne fut véritablement bilingue. Victor Hugo lui-même, dont je viens de dire qu'il pouvait atteindre, dans les deux domaines, des niveaux comparables, Victor Hugo n'hésitait nullement. Sa véritable langue était la poésie. Il s'était fait initier à la technique de l'eau-forte, pendant son exil à Guernesey. Il a fait une seule eau-forte dans sa vie. Puis il a déclaré: « Je ne recommencerai plus: sinon je ne ferais rien d'autre ». Peut-être se souvenait-il de cette idée de Balzac: « le génie, c'est la force humaine inégalement répartie ». Il sentait la nécessité d'opter, d'engager dans la poésie l'élan majeur de ses pouvoirs spirituels.

Or je vois aujourd'hui cent exemples de ce refus d'opter. Je vois cultiver de tous côtés une sorte de bilinguisme ou de trilinguisme artistique, très rare dans le passé. Je trouve cent poètes-peintres, ou peintres-poètes, je dis, pratiquant alternativement ces deux arts de la manière la plus concrète.

Pour ces cinquante dernières années, l'exemple majeur et l'exemple premier dans le temps, c'est évidemment Jean Cocteau. Ce génial touche-à-tout (on peut bien lui donner ce nom: il se l'est donné lui-même, et s'est une fois surnommé en souriant, dans un discours académique: « le Paganini du violon d'Ingres ») ce génial touche-à-tout, dis-je, a de 1909, année de ses débuts littéraires, à 1963, date de sa mort encore toute proche, fait acte de présence (et quelle présence!) dans à peu près tous les domaines de l'art. La toute récente exposition: *Cocteau et son temps*, visible au Musée Jacquemart André en ce moment même, récapitule Cocteau poète, Cocteau romancier, Cocteau dessinateur à la plume, Cocteau pastelliste, Cocteau décorateur de chapelles, à la fresque; Cocteau céramiste, orfèvre, tapissier; enfin Cocteau cinéaste, auteur de plusieurs très grands films. A peu près rien ne manque ici de tous les idiomes de l'art. On croit voir une sorte d'acrobate spirituel, étonnant non seulement par le perpétuel prodige du passage d'un instrument à l'autre; par l'aisance universelle; par l'agilité mentale et manuelle, mais encore par le côtoiement perpétuel du péril. Il le disait lui-même, dans l'épitaphe qui fait partie de ce *Requiem*, tout proche de sa mort:

> Halte, pélerin! Mon voyage
> Allait de danger en danger.

C'est donc un des plus éclatants initiateurs de ce polyglottisme artistique caractéristique du temps présent. Mais ce n'est peut-être pas l'exemple le plus significatif, parce que Cocteau a toujours parlé avec beaucoup de pureté chacun des idiomes artistiques qu'il a maniés. C'est ainsi qu'à cette exposition récente du Musée Jacquemart André, dont je vous parlais, on pouvait voir sa grande tapisserie de *Judith et Holopherne*, qu'il a commentée (dans la « Démarche d'un poète ») d'un texte que relève très à propos le *Catalogue*, remarquablement bien fait, de cette exposition. « Ce qui m'a poussé à faire cette tapisserie, dit-il, c'est le problème que la tapisserie oppose à la peinture, une tapisserie d'après une peinture n'étant qu'une peinture traduite dans une langue de laine, et une vraie tapisserie devant être préparée afin de devenir ce qu'elle doit être, au lieu d'abandonner ses prérogatives en changeant d'idiome. » Le puriste qui distinguait si bien ainsi les nuances stylistiques qui séparent deux essences plastiques toutes voisines, ne pouvait se plaire à des confusions d'idiome. C'est pourquoi sans cesse en quête d'innovation, de désintoxication par rapport aux habitudes où peut s'enliser l'art, néanmoins son rattachement à la tradition est toujours possible. Comme poète, sa versification ne se sépare jamais complètement de celle qui règne dans la poésie française de Malherbe à Verlaine; il scande en faisant entrer dans le rythme du vers les e muets qui ne s'élident pas; il sépare en deux syllabes, selon la diction racinienne ou hugolesque, les mots comme li-on, di-ane, et non pas lion ou diane. Et vous savez que l'élision et la diérèse sont les deux terribles épreuves par lesquelles tout poète français contemporain est obligé de choisir entre la diction poétique traditionnelle et la diction moderne selon la prose et le langage parlé courant. Cocteau scandait selon la diction traditionnelle; peut-être parce qu'il avait l'oreille très juste. J'aurai à revenir sur ce point.

Enfin, entre Cocteau et Henri Michaux, vient se placer toute une pléiade de praticiens simultanés de la peinture et de la poésie. Au hasard des noms qui me viennent à l'esprit; Rouault, peintre qui fut aussi poète; Atlan, poète qui fut peintre, et peintre non figuratif: il fit en 1944 sa première exposition; il en fit bien d'autres depuis, à Londres, à New York; Daléas, aussi peintre que poète, auto-illustrateur (si j'ose dire), et l'un de ces si nombreux poètes d'aujourd'hui dont les œuvres s'ouvrent sur un frontispice de l'auteur, Daléas, dis-je dont les poèmes ont pris parfois inspiration dans les œuvres les plus infimes de l'art du graveur, puisqu'il a fait toute une série de poèmes commentant une collection de timbres-poste! Nommons encore Marc Sabathier-Lévêque, peintre et poète, mort il y a quelques mois à l'âge de 47 ans. Salvador Dali compte aussi parmi les poètes auto-illustrateurs. Tout ceci indique un phénomène d'une fréquence symptomatique si on la compare aux données du passé.

Vous me direz que tout cela a peut-être une cause très simple, et qui n'est pas à l'honneur du temps présent. Une des raisons qui obligeaient autrefois à l'option l'homme trop doué, l'enfant gâté des fées, c'est que l'art était très long, et la vie courte. Le tableau qu'un peintre exposait lui avait coûté bien des semaines de travail, tandis qu'on expose aujourd'hui des tableaux faits en moins d'une heure. C'est aussi qu'on ne pouvait se permettre de se dire peintre sans de longues années d'étude. Du temps de Raphael, on comptait sept ans d'apprentissage pour former un peintre. Aujourd'hui on s'improvise peintre, et quelques uns pensent que moins le peintre aura fait d'études, meilleur sera le tableau.

Voilà ce que vous pourriez me dire, et vous n'auriez pas tort. Mais précisément c'est un fait nouveau bien symptomatique, ce fait d'une peinture presque improvisée, et qui compte pourtant comme œuvre.

Mais je crois qu'il y a autre chose encore, dans ce désir passionné de tant d'hommes d'aujourd'hui de ne pas se contenter d'un seul langage artistique. Il y a aussi, je crois, le sentiment poignant, cruel, de l'insuffisance de toute expression, quelle qu'elle soit. Il y a le désir pour le poète, de ravir au peintre ses manières de penser, ses pouvoirs secrets, ses dictions ineffables, qui dépassent à certains égards les pouvoirs du mot ou qui du moins ont une autre portée, une efficacité différente. Ceci nous conduit à un deuxième ordre de faits, aussi symptomatique du temps présent.

Nous avons vu, l'autre jour, que fréquemment depuis la Renaissance, les poètes se sont adressés aux peintres; et leur ont dédié des poèmes. Et que fréquemment ils ont parlé peinture, ils se sont inspirés des œuvres de l'art du pinceau. Nous retrouvons les mêmes faits aujourd'hui. On peut trouver dans la poésie française contemporaine beaucoup de poèmes dédiés à des peintres. Et ce n'est pas étonnant: certains groupes ont réuni en équipes très homogènes et très amicales des peintres et des poètes, ainsi d'ailleurs que des sculpteurs et quelquefois des musiciens. Il faut penser au rôle du poète Apollinaire auprès des peintres cubistes; on peut lire là-dessus un beau livre récent de Mme Marie-Jeanne Durry. On peut aussi se référer à la captivante exposition: «Apollinaire et le cubisme», organisée récemment non pas à Paris mais à Lille, par les soins notamment de MM. Jean-Claude Chevalier et Decaudin, exposition toute fraîche encore: elle a fermé ses portes il y a quinze jours. Je cite volontiers ici ces expositions semi-picturales semi-poétiques, car leur fréquence en ce moment est aussi un important symptôme de cette alliance si étroite et si actuelle de la peinture et de la poésie.

Il faudrait encore citer comme ayant réuni peintres et poètes en amicale équipe, le surréalisme. Max Ernst, par exemple, a fait trait d'union entre peintres et poètes, d'une façon qui donne à son atelier un rôle un peu analogue a celui du grenier de Mallarmé pour les symbolistes ou du salon de la Présidente pour les premiers Parnassiens. Il suffit de penser à son tableau-programme, amusant, touchant, et maintenant nostalgique: *au rendez-vous des amis*, qui date de 1922 et où figurent aussi bien des poètes comme Eluard, Soupault, Aragon, Breton, dans leur jeunesse, que des peintres comme Arp ou Chirico. Il ne faut donc pas s'étonner si en feuilletant les œuvres d'Eluard, on y trouve plusieurs poèmes dédiés à des peintres: à Max Ernst, à Dali, à Chirico, à Picasso surtout.

Ces témoignages d'amitié et de fraternité de combat d'allure encore juvénile dans l'âge mûr, on peut sans aucun doute les rapprocher des bonnetades des poètes de la Pléiade à Jean ou surtout François Clouet; ou du coup de main fraternel donné par Molière à Mignard. Mais il y a ici quelque chose d'autre et de très différent en profondeur.

Je relis les poèmes d'aujourd'hui, les très, très nombreux poèmes consacrés à des peintres. Je ne lis pas seulement les dédicaces; je lis les poèmes eux-mêmes, ceux qui portent comme titre un nom de peintre—avec ou sans dédicace. Et qu'est ce que j'y vois? Non pas le tableau mais le peintre. Je n'y trouve pas des descriptions d'œuvres d'art, comme les ont faites les classiques, ni des inspirations tirées de telles œuvres, à la manière des romantiques. J'y trouve presque toujours un essai de psychologie du peintre, un effort pour penser comme lui et avec lui. Et c'est ce que ni classiques ni romantiques n'ont jamais fait. Car c'est le peintre et non le tableau qui est en cause. Prenons des exemples et comparons.

Ne remontons pas trop loin dans le temps, pour faire cette comparaison. Remontons tout simplement jusqu'à Marcel Proust. Proust dont l'œuvre juvénile de poète ne mérite pas un total oubli, Proust a fait, dans les *Plaisirs et les Jours*, toute une série de poèmes sur des peintres: Watteau, Van Dyck, Albert Cuyp, Paul Potter.

On est encore au XIXème siècle (Proust a 25 ans). Plus tard il arrivera à des affouillements extraordinaires des anfractuosités de l'âme. Mais la révolution dont je parle n'est pas encore faite, et Proust poète ne voit pas les âmes de ses peintres les mieux aimés, il voit seulement l'aspect des univers qu'ils nous proposent. Voici son Van Dyck:

> Tu triomphes, Van Dyck, prince des gestes calmes,
> Dans tous les êtres beaux qui vont bientôt mourir,
> Dans toute belle main qui sait encor s'ouvrir,
> Sans s'en douter,—qu'importe?—elle te tend les palmes
> Halte de cavaliers, sous les pins, prés des flots
> Calmes comme eux—comme eux bien proches des sanglots—;
> Enfants royaux déjà magnifiques et graves . . .

ou bien encore, Albert Cuyp:

> Cuyp, soleil déclinant dissous dans l'air limpide
> Qu'un vol de ramiers gris trouble comme de l'eau,
> Moiteur d'or, nimbe au front d'un bœuf ou d'un bouleau,
> Encens bleu des beaux jours fumant sous le coteau,
> Ou marais de clarté stagnant dans le ciel vide.
> Des cavaliers sont prêts, plume rose au chapeau,
> Paume au côté, l'air vif qui fait rose leur peau
> Enfle légèrement leurs fines boucles blondes,
> Et, tentés par les champs ardents, les fraîches ondes,
> Sans troubler par leur trot les bœufs dont le troupeau
> Rêve dans un brouillard d'or pâle et de repos,
> Ils partent respirer ces minutes profondes.

Et maintenant comparons avec des actuels, Louis Emié, Daléas, Prévert, Eluard . . .

Voici un Van Gogh de Jacques Prévert. Le poète, dans sa « Complainte de Vincent » veut nous faire entrer dans la folie commençante, dans la scène de la mutilation, en y impliquant ces drames de la couleur, dont l'horrible hantise se mêle dans l'âme du peintre agonisant au drame absurde de la vie. Je ne puis vous lire tout le poème, bien entendu, mais en voici le commencement et la fin:

> A Arles où roule le Rhône
> Dans l'atroce lumière de midi
> Un homme de phosphore et de sang
> Pousse une obsédante plainte

Comme une femme qui fait son enfant
Et le linge devient rouge
Et l'homme s'enfuit en hurlant
Pourchassé par le soleil
Un soleil d'un jaune strident.

Et pour finir on retrouve le même soleil, tandis que Vincent rêve et râle

Comme une orange folle dans un désert sans nom
Le soleil sur Arles
En hurlant tourne en rond.

Je pourrais encore vous citer une *Prière du Gréco*, de Louis Emié. Le peintre s'adresse au Christ, il s'excuse sur une sorte de fatalité de lui avoir fait les mains trop belles et le corps étiré. Il continue:

Et rappelez-vous cet incendie, ce grand orchestre
Que j'ai appelé *Assomption de la Ste Vierge*
Et dites-moi si l'on pouvait faire autrement que je ne l'ai fait . .
Je ne vous demande pas pardon de vous avoir fait tel.
Il existe dans cette ville que l'on appelle Tolède,
Dans ce ravin profond que l'on appelle le Tage,
Une force plus grande que dans toutes les divinités de l'esprit.
Je n'ai pas voulu aller contre et je n'ai même pas résisté.

Voici encore un *Chirico* de Paul Eluard

Un mur dénonce un autre mur
Et l'ombre me défend de mon ombre peureuse.
O tour de mon amour autour de mon amour.
Tous les murs filaient blanc autour de mon silence.

Toi, que défendais-tu? Ciel insensible et pur
Tremblant tu m'abritais. La lumière en relief
Sur le ciel qui n'est plus le miroir du soleil,
Les étoiles de jour parmi les feuilles vertes,

Le souvenir de ceux qui parlaient sans savoir
Maîtres de ma faiblesse et je suis à leur place
Avec des yeux d'amour et des mains trop fidèles
Pour dépeupler un monde dont je suis absent.

D'Eluard je pourrais vous citer encore un *Max Ernst*, un *Picasso*, un *Juan Miro*, un *George Braque*. . . . Je ne puis résister à vous citer encore un autre Van Gogh, qui est du poète Jean Tardieu; tiré d'un groupe de quatre poèmes sur des peintres: les autres sont Rubens, Rembrandt et Corot. Cela s'appelle *le Miroir de Van Gogh*. Je vous en donne aussi le début et la fin:

> Le tourbillon! L'incandescence! La folie du soleil! Sur mon front de pierre, les flammèches, les pétales de l'incendie, la pluie, la pluie, la pluie du feu! . . .
>
> Ici, dans le secret de la brûlure, dans mon secret d'homme à tête de bagnard des tropiques, dans mon île flambante je sais que la splendeur est la transmutation volontaire de notre dénuement, une révolte, un crime sacré, un éclatement, l'or, l'or, le feu, la victoire! Cymbales! Cigales! MIDI. . .

Je viens peut-être d'abuser des citations, mais d'abord le fait qu'on en puisse aisément trouver tant sur ce thème est bien frappant. Et surtout ces exemples ont tous en commun, et mettent en évidence, j'espère, ce que je disais tout à l'heure de cet effort du poète contemporain s'il songe au peintre, pour penser en peintre. Non dresser devant lui l'univers du peintre, mais se mettre à la place de ce peintre, au moment où il fulmine cet univers. Et si j'ai dit que c'est souvent par désir angoissé de transcender l'univers des mots, ou tout au moins de s'en délivrer, d'en répudier les exigences et les structures, c'est que quelques uns l'ont dit. Henri Michaux, que je citais tout à l'heure parmi les hommes doubles, peintres et poètes, l'a dit très expressément: « Je cherchais des noms et j'étais malheureux. » et encore « Comme s'il n'y avait pas d'autres moyens que les mots! Mais ce sont là justement les plus imparfaits. . . Gestes, mimiques, sons, lignes et couleurs: voilà les moyens primitifs, purs et directs de l'expression » (Cité par R. Bertelé).

Dans ce drame de l'expression, un Henri Michaux, qui dispose d'un bilinguisme artistique peut toujours s'en tirer. Il peut selon l'occurence choisir le mode d'expression qui convient le mieux. Mais qu'arrive-t-il à ceux qui ne disposent que du mot? Qu'arrive-t-il à ceux qui n'ont que de la parole, et surtout de la parole écrite, comme mode d'expression, mais qui, rivalisant avec le peintre, veulent en faire un mode « primitif, pur et direct d'expression » pour reprendre les termes d'Henri Michaux?

Examinons un peu les conséquences artistiques de cet état d'âme esthétique. Elles ne sont pas toutes également heureuses, il faut bien le dire; mais elles sont curieuses, caractéristiques; elles ont ouvert à la poésie des perspectives nouvelles et quelques unes de ces perspectives ont vraisemblablement de l'ouverture sur l'avenir.

Je dénombrerai (pédantesquement, sur mes doigts) trois de ces conséquences: 1° l'emploi des onomatopées et des mots inventés; 2° la prédominance de l'image sur le mot; 3° le rythme offert a l'œil plus qu'à l'oreille.

La première est la plus menue et la plus pittoresque. Elle a fait courir au langage lui-même une singulière aventure.

Chercher à en faire un mode direct et primitif d'expression, c'est remonter au delà du langage articulé, je dis, articulé non seulement phonétiquement, mais grammaticalement; c'est vouloir un pur geste vocal; c'est en fin de compte, recourir à l'onomatopée.

Je pourrais dénombrer bien des poètes contemporains en France, qui n'ont pas craint de s'aventurer de ce côté. Au lieu de s'enfermer dans le matériel verbal préfabriqué que les dictionnaires et la grammaire tiennent dans leurs entrepôts et distribuent parcimonieusement avec un mode d'emploi très rigoureux, beaucoup de nos poètes ne craignent pas de considérer la langue française comme une sorte de matière première extrêmement malléable, qu'on peut enrichir à son gré de vocables improvisés et librement forgés. Je cite encore Henri Michaux. Mais je tiens à vous avertir préalablement de ne pas chercher ultérieurement dans le dictionnaire les mots qui vous seront inconnus dans ces vers. Je cite *le Grand Combat* (car c'est d'un combat qu'il s'agit).

> Il l'emparouille et l'endosque contre terre . . .
> Il le tocarde et le marmine
> Le manage rape à ri et ripe à ra
> Enfin il l'écorcobalisse.
> L'autre hésite, s'espudrive, se défaisse, se torse
>   et se ruine . . .

Et ainsi de suite.

Toutefois, Mesdames et Messieurs, il faut partager les responsabilités. Si c'est un mal, c'est un mal qui nous vient d'Angleterre, ou plus exactement, qui vient des traducteurs français de certaines œuvres de la littérature anglaise.

Car en soulevant cette question, assurément je vous ai fait penser à Lewis Carroll et plus tard à James Joyce, qui ont pratiqué, l'un en vers et l'autre en prose, cette industrie verbale illicite, cette fabrication de vocables non estampillés.

Or ce genre de littérature pose au traducteur de singuliers problèmes. Il lui faut fabriquer et forger, lui aussi, des mots, des vocables factices qui soient, par rapport au français, ce qu'est le « mot-valise » de Carroll par rapport à l'anglais. Voici, pour vous amuser un peu, comment un des traducteurs français de Lewis Carroll s'acquitte de cette difficile acrobatie verbale: c'est le début du poème *Jabberwocky*:

> Il était grilheure, les slictueux toves
> Gyraient sur l'alloindre, et vriblaient.
> Tout flivoreux allaient les borogroves
> Les verchons fourges bourniflaient . . .

Je ne voudrais pas rejeter sur l'Angleterre seule la responsabilité de ces feux-follets du langage. Avant les encouragements de Carroll, la littérature française en a connu des exemples, parmi lesquels figure en bonne place Rabelais. Au souper des Lanternes, dans le *Pantagruel*, on sert des coquecigrues, des volepupinges, des étangourres et du croquignolage; et quant aux verbes ou aux adjectifs comparables à ceux dont use Michaux dans son *Combat*, ils sont légion chez Rabelais: matagraboliser . . . supercoquelicantieux . . . que d'autres encore! Et Rabelais n'est pas seul dans la littérature française à avoir un peu violenté le vocabulaire, et gonflé comme des vessies des mots lanternes. Mais depuis une vingtaine d'années ses imitateurs en poésie ont été légion. Je pourrais citer Artaud, Roussel, Louis-de-Gonzague Frick, Péret, Queneau, André Martel. Ce dernier a inventé une sorte de distorsion continue du langage, ou de langage parallèle à la langue normale, dans lequel pas un mot ne reste sans être déformé comme une pâte plastique. C'est tout un idiome, par lui nommé Paralloïdre. Je lis dans celui de ses poèmes qu'il intitule *Incantate* des choses telles que ceci qui décrit une cosmogonie: « La matéruniverse se transfigurge. Des pointestelles flusent dans les bouases. . . Poussance des regenères en ricoche infinale dans le Tempespace ».

Mais je m'arrête, car je suis pris de scrupules. . . Je dois vous parler ici de la littérature française. Or ceci est-il de la littérature française? Pas tout à fait. Mais c'est du moins une littérature qui prend la langue française comme matière première, une matière malléable et modelable selon la volonté du poète.

D'ailleurs n'exagérons pas la portée de ces faits: les poètes qui prennent de telles libertés avec le langage sont une minorité, mais une minorité assez imposante. Leur cas est digne d'attention, par les rapports qu'il a avec ce problème de la picturalité (si j'ose, entraîné par le mauvais exemple, forger ce mot) . . . avec la picturalité de la poésie. Le critique André Thérive a dit qu'il s'agissait là d'une sorte de « littérature non figurative », en quelque sorte parallèle à la peinture dite abstraite et peut-être inspirée par elle. Je ne crois pas que ce soit tout à fait exact. La vraie littérature non-figurative, ce serait des compositions faites librement avec les sons du langage, désarticulés et rassemblés ensuite arbitrairement, comme dans la musique concrète. Quelques poètes de diverses nationalités ont fait des tentatives de ce genre hors de tout langage; ils ont tenté d'écrire des mélodies notées avec les lettres de l'alphabet, sans aucune signification. Ces tentatives ont eu peu de succès, et nous n'avons pas à en parler ici. Mais dans les poèmes à terminologie malléable, les phrases qui font image gardent toujours une signification. Cette signification est laissée seulement un peu flottante, c'est le moins qu'on en puisse dire. Elle émane de la forme même des mots. Elle procède du geste vocal que ces mots tracent devant nous, et du choc des sonorités expressives dont ils nous frappent. Ainsi, tout en continuant à se servir d'un moyen verbal, le poète l'emploie d'une manière aussi directe que le fait le peintre, lorsqu'il nous plaque devant les yeux lignes et couleurs.

Au total, il y a là, sinon vraiment une offense du moins un peu d'irrespect par rapport à ce que Valéry appelait le Saint Langage:

> Honneur des hommes, Saint Langage,
> Discours prophétique et paré.

Mais si c'est un péché, il est peut-être véniel, dans la mesure où cette entreprise de distorsion et de remodelage de la langue française reste un privilège poétique, réservé d'ailleurs à un petit nombre de non-conformistes pratiquants.

Nous arrivons maintenant à un second groupe de faits, ceux qui témoignent de l'influence des démarches créatrices du peintre sur celles du poète. Poèmes-tableaux, ai-je dit, essentiellement peuplés d'images mentales. Ces faits sont beaucoup plus vastes, plus considérables, mais peut-être un peu plus subtils que les précédents.

Il est certain que beaucoup de poètes actuels s'efforcent quelque peu de penser en peintres. Cela ne veut pas dire qu'ils nous offrent un tableau tout fait comme les poètes de naguère quand ils évoquaient la peinture; un tableau tout fait qu'il n'y aurait qu'à décrire; et que le lecteur n'aurait qu'à parcourir des yeux, par une sorte de contemplation mentale. Non, ce que nos poètes essaient de faire est tout autre chose. Ils essayent de faire surgir le tableau devant nous, en à-coups brusques d'images mentales, en images-éclairs. Leur poème est un piège, un réseau à capter de telles images.

Il y a dans les livres chinois traitant de la peinture, une anecdote que j'ai toujours beaucoup aimée. Il s'agit de la mort d'un peintre, ou plutôt de sa disparition énigmatique. Le peintre fait un tableau, un beau tableau peint sur de la soie. Il peint une montagne. Aux flancs de cette montagne, il dessine une caverne, ouverture mystérieuse entre des arbres et des rocs. La tableau est fini. Le peintre le contemple, il gravit la montagne, il pénètre dans la caverne, il y disparait . . . on ne l'a jamais revu depuis.

Eh bien, nos poètes dont quelques uns d'ailleurs ont pu connaître cette anecdote, essayent de pratiquer une magie de ce genre. Leur poème est un piège, un tableau-piège, qui cherche à capter l'âme par et avec des images.

Je vous ai conté d'abord cette histoire chinoise, parce qu'à ma connaissance le premier poète français qui ait pratiqué cette esthétique de tableau-piège s'est effectivement inspiré de la pensée et de la peinture chinoise. Il s'agit d'un homme qui n'a jamais connu qu'une gloire étroitement circonscrite et pour ainsi dire secrète, si l'on peut parler d'une gloire secrète. Je veux parler de Victor Segalen, mort en 1919. Il fut médecin, marin, un peu explorateur et aussi archéologue. Ses travaux d'archéologie chinoise sont très sérieux. Il fut aussi romancier et poète. On a réédité récemment quelques unes de ses œuvres, ce qui prouve qu'on commence à s'apercevoir de son importance littéraire. Son recueil de poèmes en prose intitulé précisément *Peintures* (peintures au pluriel) concerne au premier chef notre question.

Dans la préface de ce recueil poétique, il présente lui-même expressément ses poèmes comme des « peintures parlées ». Son esthétique est une esthétique de la « clairvoyance » (en donnant à ce mot toute la puissance visionnaire qu'il peut avoir). Et voici comme il commente ses poèmes. Je cite: « Voir, comme il en est question ici, c'est participer au geste dessinant du peintre . . . C'est assumer chacun des actes peints ». Acte, geste, voilà la clef de cette poétique.

Ce n'est pas la présence immobile et plate de l'image. C'est la puissance qui fait surgir l'image. C'est l'opération de cette puissance.

Rien de mieux dans ce genre que le poème: *Eventail volant*, que je regrette de n'avoir pas le temps de vous lire tout entier. Le poète imagine un éventail; il convie son lecteur à s'en éventer, à en battre rythmiquement l'air, tout en y jetant de temps en temps un regard à la dérobée.

> « Du coin des yeux (dit-il) à chacune
> des haleines doubles qu'il envoie, regardez . . .»

Défilent alors des images singulières, qui se fondent les unes dans les autres: des gros yeux qui roulent, les vagues de la mer, le vol ramé d'un oiseau fantastique. Mais un certain visage revient toujours rythmiquement, visage inquiétant, « comme la vue d'un ami trop insistant, comme un remords trop fidèle, comme un muet qui veut interroger ». Ce visage, serait-ce notre propre visage?

Ainsi nous sommes hantés, déconcertés, envoûtés, jusqu'au moment où le poète nous délivre de l'attente d'une toujours toute proche révélation

> « Mais (dit-il) nous n'habitons point le monde vrai.
> Ce qui déplaît ou déconcerte nous pouvons, mieux
> qu'un remords, l'évincer, et d'un seul geste du doigt,
> l'effacer.
> Fermez donc les doigts: du coup, le visage n'existe plus »

Ainsi défilent des images insolites et fugitives, assez ressemblantes à celles de la fièvre, et plus encore à celles qu'on voit au moment de s'endormir, ces images que les psychologues appellent en leur langage images hypnagogiques.

Ces peintures mentales tracées par la plume du poète prennent leurs couleurs à celles de l'imaginaire. Elles ont leur modèle dans les apparences rapides de la vie intérieure, plus que dans les fournitures concrètes du monde extérieur.

En tout cela, Segalen est un évident précurseur de cette exploration assidue des mondes intérieurs, qui a été un des grands thèmes de l'art de ces cinquante dernières années, que cet art soit peinture ou poésie. Toute une lignée en dérive. Par exemple, les « *paroles peintes* » d'Eluard—poème dédié à Picasso, remarquez bien, qui figure dans un recueil de 1938—les « *paroles peintes* » d'Eluard font pendant de la manière la plus expresse aux *peintures parlées* de

Segalen. Dans ce poème, le poète cherche quel don de lui-même est nécessaire

> Pour tout comprendre
> Même
> L'arbre au regard de proue
> L'arbre adoré des lézards et des lianes
> Pour voir tous les yeux réfléchis
> Par tous les yeux,
> Pour voir tous les yeux aussi beaux
> Que ce qu'ils voient.

J'insiste sur ce fait que cette esthétique du regard est celle d'un regard animé et transfiguré par sa vision; et c'est bien le regard du peintre, mais revendiqué par le poète. Rapprochement d'autant plus aisé que le peintre contemporain, lui aussi, projette sur la toile des images intérieures. Dans ce rapprochement entre peinture et poésie, le peintre a fait de son côté la moitié du chemin. Si bien que l'allure de leur démarche créatrice devient singulièrement semblable, surtout quand le poète ne cherche pas le choc hallucinatoire, mais une hallucination douce et progressive, dont les images se succèdent en « fondu enchaîné » (comme disent les cinéastes). Ecoutons encore Eluard:

> L'or de l'herbe le plomb du ciel
> Séparés par les flammes bleues
> De la santé de la rosée
> Le sang s'irise, le cœur tinte
>
> Un couple le premier reflet
> Et dans un souterrain de neige
> La vigne opulente dessine
> Un visage aux lèvres de lune
> Qui n'a jamais dormi la nuit.

Ici le mode pictural, ou plutôt l'analogie picturale est d'autant plus claire, que l'auteur nous en donne la clef: le poème est dédié au grand peintre Marc Chagall. A certains égards, c'est presque un « à la manière de. . . » Poème à la manière de Marc Chagall. Entendons bien qu'il n'y a ni inspiration littérale ni description d'un tableau. Plutôt un Démarquage. Le poète « fait du Chagall », mais par les moyens qui sont propres à son genre de poésie.

44

Sans rappel direct de la peinture, voici un paysage alpestre de Pierre Jean Jouve, très réaliste à certains égards, très rencontrable; mais lui aussi construit peu à peu comme une image de songe:

> Là haut dans la population claire des cimes
> Privées de neige par l'été, s'écoule plat
> Un ruisseau méandreux de large bleu sublime
> Et sans rives sinon le jaune un peu charnel
> De l'alpe que poursuit de son zénith horrible
> Le soleil aux rumeurs de violet. Mais les flancs,
> Violente cendre rose ou rocher noir avide
> Laissent l'eau resplendir de nul écoulement.

Vous sentez la place que les notations colorées tiennent dans une poésie aussi visuelle. Mais ce sont des couleurs imaginaires—à la différence des effets de couleur des romantiques. Et souvent plus ou moins arbitraires. Ainsi, encore de Pierre-Jean Jouve ce paysage, dont je ne donne que les premiers vers:

> Les arbres quand on les mesure, sont bleus de joie
> La terre quand on la suit est passionnément rousse
> Le ciel quand on le dévisage est rose, ou même lilas.

Bien entendu, la palme en ce genre reste à un vers resté célèbre d'Eluard, vers programme à cet égard:

> La terre est bleue comme une orange

Cela sent d'ailleurs un peu les programmes anciens, les outrances de 1929. Mais l'intensité de ce besoin de couleurs imaginaires est telle, qu'elle explique que certains poètes-peintres, comme Henri Michaux, aient trouvé une sorte de révélation dans l'usage expérimental de la mezcaline (ou peyotl), substance intoxicante qui donne des hallucinations colorées. Ce « misérable miracle » comme dit Michaux, jetait une sorte de pont magique entre la couleur imaginaire du poète et la couleur matérielle du peintre.

Il est enfin arrivé, dans cette technique du poème-piège à la façon du tableau-piège, que le poète s'amuse un peu; qu'il s'amuse à reverser sur le domaine du peintre la démarche du poète, par une moquerie à double sens, comme dans le poème de Jacques Prévert « pour faire le portrait d'un oiseau ». Poème qui doit évidemment trouver place ici. Mais je dois abréger un peu cet ironique mode d'emploi:

Peindre d'abord une cage
avec une porte ouverte . . .
peindre ensuite (dans la cage)
quelque chose d'utile pour l'oiseau . . .
placer ensuite la toile contre un arbre
dans un jardin . . .
se cacher derrière l'arbre
sans bouger . . .
Quand l'oiseau arrive
s'il arrive
observer le plus profond silence
attendre que l'oiseau entre dans la cage
et quand il est entré
fermer doucement la porte avec le pinceau . . .
peindre aussi le vert feuillage et la fraîcheur du vent . . .
et puis attendre que l'oiseau se décide à chanter.

Ici nous trouvons gentiment moquée, aussi bien la référence réelle de la poésie à la peinture qu'une imaginaire référence de la peinture à la poésie. Mais après tout c'est justice.

Bien entendu, cette recherche d'un art qui mélange et confonde peinture et poésie n'est pas universelle ni toujours consciente dans la littérature française contemporaine. Mais pour l'esthéticien, pour le philosophe, ces gestes caressants de la poésie envers la peinture sont tellement fréquents, que cette fréquence est hautement significative. A aucune époque, on ne trouve rien de pareil, non seulement en France, mais ailleurs, même pas, par exemple, à l'époque de l'école préraphaélite anglaise, où l'alliance de l'art littéraire avec l'art du peintre a été si intime. Dans la poésie française d'aujourd'hui, cette fréquence est si grande qu'elle révèle, même chez ceux qui n'y participent pas directement, une conception nouvelle de l'acte poétique, une conception qui permet ces transpositions d'art. C'est l'acte poétique tout entier qui est conçu en son essence radicale d'une manière telle, qu'il permet cette fusion, cette communion avec l'acte pictural, également pris en son essence profonde. Car pour l'un et pour l'autre, l'acte fondamental est toujours de dissoudre le réel dans l'intense présence de l'âme qui le fait exister tel.

Assurément tout n'est pas pour le mieux dans cette fraternisation si complète de deux arts distincts. Ce visualisme hallucinatoire exaspéré a aussi ses inconvénients. La rançon en est assez lourde.

« Prenez garde à la peinture », cet avertissement qui sur les bancs de nos jardins publics épargne parfois aux promeneurs fatigués de désagréables aventures, cet avertissement n'est pas non plus sans intérêt pour les littérateurs, pour les poètes trop visuels. Prenez garde à la peinture, c'est à dire: n'oubliez pas qu'à la limite, vous sortiriez sinon de la poésie, du moins du domaine du poétique.

En vous présentant sous cet angle de vue la poésie française d'aujourd'hui, je n'ai nullement le parti pris d'en faire un éloge sans réserves. Ce visualisme exagéré conduit certainement à un certain dédain de ce qui est pour l'oreille seule, dans la poésie; il produit en particulier un affaiblissement certain du sentiment du rythme. La poésie française contemporaine est indéniablement moins musicale que n'était celle des époques précédentes, en particulier celle de l'époque des « vers libres », à la fin du siècle dernier. Songeons aux vers de Gustave Kahn, d'Henri de Régnier, de Verhaeren, et même d'Apollinaire déjà. Si les vers de nos contemporains leur ressemblent assez pour la vue, ils ne leur ressemblent pas du tout pour l'oreille. Sauf quelques exceptions, bien entendu. Il serait vite fait, parmi les poètes contemporains de mettre à part ceux qui, au sens musical de l'expression, « ont de l'oreille ». Pour être absolument sincère, je ne raffole pas d'Aragon, mais je dois reconnaitre qu'il a de l'oreille. René Char en a aussi; il use de formes rythmiques très simples mais dissimulées à la vue. Pour l'œil, il paraît pratiquer le verset de Claudel. Mais avec l'oreille, on découvre des substructures généralement octosyllabiques, qui une fois qu'on s'en est aperçu risqueraient de devenir un peu lassantes, comme dans ce paysage, qui est tiré d'*Anabase*:

> Chamelles douces sous la tonte
> cousues de mauves cicatrices,
> que les collines s'acheminent
> sous les données du ciel agraire,
> Qu'elles cheminent en silence
> Sous les incandescences pâles ...

Mais c'est moi qui scande en octosyllabes: tout cela est écrit comme formant en seul verset. Et le poète compte sans doute que le lecteur en croira plutôt ses yeux que ses oreilles. Je citerais aussi bien volontiers Yves Bonnefoy. Par exemple son *oiseau des ruines* est une très heureuse variation rythmique sur l'alexandrin ternaire du bon vieux temps.

47

L'oiseau des ruines se sépare de la mort
Il nidifie dans la pierre grise au soleil,
Il a franchi toute douleur, toute mémoire,
Il ne sait plus ce qu'est demain dans l'éternel.

Des vers comme ceux-là ont du nombre. Mais il faut avouer qu'ils finissent par devenir exceptionnels parmi ceux qui légitiment le cri triomphal, tout récent, d'un faiseur de poèmes: « nous en avons fini avec le rythme »!

En réalité, cette diabolique prétention n'est pas justifiée. « Rythme pas mort » oserai-je dire en paraphrasant un télégramme célèbre, parce que « Lyrisme pas mort ». Mais les rythmes de ces poètes arythmiques sont des rythmes d'images. Ils tiennent à la valeur évocatrice des mots plutôt qu'à leur mélodie. Voici par exemple un poète dont les battements d'un sang tropical maintiennent ardent le lyrisme, je pense à ce poète assez récemment mis en lumière qui signe Davertige.

Nous refaisons cette Eve laissée à l'abri des orages
Et mystères au milieu des fantômes
Toute la vie dans ces testaments de métamorphose
Idem le mariage des plantes au fond des mers
Des algues et des vagues sur la cîme de la marée haute
Et des cheveux d'argent lancés par les étoiles au fond du ciel
Ce ciel d'argile suspendu sur les colonnes d'ombre de nos voix
Et tous les siècles se nouent impassibles à l'homme des rues
Autour des rêves perdus du couple absolu
O frère Adam confondu dans la nudité d'Eve.

Ici le rythme par images est éclatant. Il l'est peut-être un peu trop: chaque vers—chaque geste oral—s'élève en faisant surgir de l'horizon mental une nouvelle image et redescend sur une seconde image antithétique. D'autres, plus savants ou plus subtils, cherchent des rythmes passionnels, ou les rythmes même de la pensée créatrice. Voilà pourquoi malgré cet affaiblissement des similitudes entre musique et poésie, il reste, Dieu merci, de beaux mouvements lyriques dans la poésie d'aujourd'hui. Comme celui-ci chez René Char:

Tu es pressé d'écrire
Comme si tu étais en retard sur la vie.
S'il en est ainsi, fais cortège à tes sources,

48

Hâte toi!
Hâte toi de transmettre
Ta part de merveilleux, de rébellion, de bienfaisance.

En tout cela il y a rébellion, oui, beaucoup. Mais le merveilleux y est aussi, ce merveilleux en intériorité qui restera peut-être comme une des découvertes de ce siècle, lorsqu'il n'est pas trop confondu avec simplement l'insolite, le coruscant, le météore qui trace une courbe étincelante et inattendue puis retombe à la nuit. Et quant à la bienfaisance, elle existe assurément. Elle existe dès lors que le poète s'en préoccupe et veut que son message porte un bienfait aux hommes. Souhaitons que tous les poètes s'en préoccupent ainsi, et aussi passionnément. Mais ceci est une question d'avenir.

En finissant, permettez-moi, je vous prie, de risquer l'essai d'un rapide regard vers l'avenir.

Dans le passé et dans le présent, en considérant les rapports de la poésie française uniquement avec la peinture, j'ai essayé de vous montrer que la collaboration et parfois la concurrence de deux arts aussi différents n'est ni interdite ni inutile. Elle a engendré dans le passé bien des thèmes d'inspiration. Dans le présent, elle a donné naissance à un nouveau genre de poésie, et particulièrement à un nouveau genre de lyrisme.

Est-ce à dire que là est l'avenir? Je ne le crois pas, car précisément le présent est si riche et si accompli, que peut-être sera-t-il temps bientôt d'aller vers de nouveaux rivages. Dans le futur, que pourra faire la poésie? Se rapprochera-t-elle d'un autre art? Peut-être reviendra-t-elle un peu plus vers la musique? Je le souhaiterais; j'ai quelque nostalgie d'une poésie un peu plus musicale. Mais surtout je rêve—et mon rêve vous paraitra peut-être insensé—je rêve pour demain d'une poésie qui se rapproche davantage de l'architecture.

Permettez-moi de m'abandonner un instant à ce rêve, avant de finir.

Je voudrais pour demain une poésie plus monumentale, plus courageusement monumentale, non par la dimension, mais parce qu'elle oserait davantage aborder les grands sujets universels, ceux qui préoccupent tous les hommes et concernent l'âme humaine dans toutes ses dimensions. Problèmes d'aujourd'hui et de demain. Problèmes peut-être insolubles: il y aurait beaucoup de sphinx, posés sur des piédestaux, aux entrées de ces poèmes de demain, aux vestibules, au bas des escaliers géants. Car à ces œuvres poétiques, je souhaiterais des escaliers, beaucoup d'escaliers non pas seulement parce que dans un palais cela fait un magnifique décor, mais tout simplement parce que cela aide à monter, vers les tours, vers les terrasses. La poésie d'aujourd'hui manque un peu d'escaliers. Son accès n'est pas facile à tous. S'adresser à tous, il faut qu'elle ose le faire si elle veut être digne de l'homme de demain; c'est pourquoi mon palais poétique devrait avoir de très vastes halls. Mais j'y espère aussi de petites chambres où on pourrait trouver refuge aux heures d'angoisse, de douleur ou même de joie. Est-il défendu de souhaiter que la poésie de demain soit bien habitable, habitable à chaque âme comme un lieu où elle retrouve ses rythmes de vie, un peu plus élevés et nobles que dans ses moments quotidiens? Voilà aussi pourquoi j'entrevois des jardins autour de ce palais, et çà et là, près d'un grand fleuve ou d'une forêt, de petits pavillons où on puisse trouver solitude et rêverie, devant de grandioses perspectives —avec au bout de ces perspectives, bien entendu, des pistes d'envol…

Mais je m'arrête, car je n'en sais pas davantage. Si je savais exactement ce que sera le grand poème de demain, celui qui permettra aux hommes de prendre totale conscience de leur âme neuve, bien entendu, ce poème je l'écrirais. Ce que je sais de toute certitude, c'est que demain il y aura encore de la poésie, parce que la poésie répond à un besoin inaliénable de l'âme humaine. Bien plus elle est une des forces qui font que l'homme peut avoir une âme.

TABLE DES MATIÈRES

I. DU MOYEN-AGE AU SYMBOLISME   5

II. AUJOURD'HUI   28

Published by
THE ATHLONE PRESS
UNIVERSITY OF LONDON
at 2 Gower Street, London WC1
Distributed by Constable & Co Ltd
12 Orange Street, London WC2

Canada
Oxford University Press
Toronto

U.S.A.
Oxford University Press Inc
New York

Printed in Great Britain by
WESTERN PRINTING SERVICES LTD
BRISTOL